# 高校教育教学模式

# 创新研究

冯程　李瑞海◎著

四川大学出版社
SICHUAN UNIVERSITY PRESS

**图书在版编目（CIP）数据**

高校教育教学模式创新研究 / 冯程，李瑞海著. —
成都：四川大学出版社，2023.6
ISBN 978-7-5690-6165-9

Ⅰ.①高… Ⅱ.①冯… ②李… Ⅲ.①高等学校－教
学模式－研究－中国 Ⅳ.① G642

中国国家版本馆 CIP 数据核字（2023）第 107349 号

书　　名：高校教育教学模式创新研究
　　　　　Gaoxiao Jiaoyu Jiaoxue Moshi Chuangxin Yanjiu
著　　者：冯　程　李瑞海

选题策划：梁　平
责任编辑：梁　平
责任校对：杨　果
装帧设计：裴菊红
责任印制：王　炜

出版发行：四川大学出版社有限责任公司
　　　　　地址：成都市一环路南一段 24 号（610065）
　　　　　电话：（028）85408311（发行部）、85400276（总编室）
　　　　　电子邮箱：scupress@vip.163.com
　　　　　网址：https://press.scu.edu.cn
印前制作：四川胜翔数码印务设计有限公司
印刷装订：成都新恒川印务有限公司

成品尺寸：170mm×240mm
印　　张：11
字　　数：210 千字

版　　次：2023 年 7 月 第 1 版
印　　次：2023 年 7 月 第 1 次印刷
定　　价：68.00 元

扫码获取数字资源

四川大学出版社
微信公众号

# 前　言

21 世纪不仅是信息时代，而且是知识经济时代，在此背景下必须推动高校教育教学的创新发展。高校作为顶尖人才的培养平台，决定着未来经济的发展和社会的发展。因此，在高校教育教学过程中，要不断改进教育的模式和人才培养的方法，培养出高水准的社会人才；要深入分析高校人才培养与当前教育管理过程中存在的具体问题，加强时代特色的融入，明确改革方向，提出方法和策略。

本书分为六章，基于高校教育教学现状，探究我国高校教育教学模式创新。第一章为概述，主要对高校教育教学的内涵、特点和创新性特征及高校教育教学模式进行分析；第二章为高校教育教学现状，主要对高校传统教学模式优劣进行研究，进而分析现代高校教育教学以及高校教育教学信息化模式；第三章为高校教育教学中的 MOOC 模式，主要对 MOOC 教学模式概念、高校教育教学与 MOOC 模式的结合以及 MOOC 模式的应用启示等内容进行简要分析；第四章为高校教育教学中的创客教育模式，主要对创客教育模式概念、高校创客教育模式相关内容以及创客教育模式的应用启示等内容进行简要分析；第五章为高校教育教学中的人本化教育模式，主要对以人为本概念、高校人本化教育相关内容以及高校人本化教育教学的应用启示等相关内容进行简要分析；第六章为高校教育教学创新建议，根据上述教育教学模式存在的问题及缺点提出创新优化建议，从而进一步满足社会对人才培养的需求。

在当前教育背景大众化的状况下，对教育管理的理念进行更新，创新教育教学模式，建立多元化的评价标准，才能够为社会培养全面性的复合人才。同时，高校要注重实践教学，培养学生的创新意识，使学生能够增强实践能力，从而促进高校的可持续性发展。

**著　者**

# 目　　录

# 第一章　概述

高校教育中，教学是学校教育的主要方式，而教育教学模式是使教学过程顺利实施的基本手段。

## 第一节　高校教育教学的内涵、特点和创新性特征

### 一、高校教育教学的内涵

虽然教学是教育学的一个基本概念，但由于人们对教学的认识角度、认识方法等不同，对教学概念的解释也不尽相同。最广义的教学可以包括自学、科研甚至生活，而狭义的教学可以指在某时某地发生的教学活动。

也有解释为：所谓教学乃是教师教、学生学的统一活动；在这个活动中，学生掌握一定的知识与技能，身心获得一定的发展，形成一定的思想品德。教学是教师的教和学生的学所组成的一种教育活动。通过教学，教师把人类长期实践积累起来的科学文化知识，有目的、有计划、系统地传授给学生，培养他们认识世界和改造世界的能力，使他们迅速成长为有社会主义觉悟、有文化的劳动者。

以上这些观点主要强调了学校中形态多元的教学活动，都必须是"教师教和学生学的统一"，即教学是教与学统一的活动，不能将其只看作是教或者只是学；强调了教师主导与学生主体的统一，教师不能代替学生成为学习的主体，学生的学也只有在教师的指导下才能更好地发展；强调了教学的全面性，教学不仅仅是知识、技能的传授，更重要的是学生情感的升华、品德的完善，强调教学生学会做人。

高校教育教学的基本形式是班级授课制，主要是教师和学生以课堂为主渠道，在教师的教和学生的学统一活动中，通过教材，以交流、合作等方式，达

1

到教学目标，促进学生发展。可以说，教学是一个动态完整的过程，从教学目标的设定、教学过程的实施到教学反馈的形成，成为一个整体系统。课堂教学作为一个复杂系统，结构要素有很多，主要有教学目标、教学内容、教学方法、教学环境、教学评价、教师和学生七大要素。其中，学生是教学的主体，所有的教学活动都围绕学生这一主体展开，既是教学活动的出发点，也是教学活动的落脚点；教师在教学中起着关键作用，所有的教学要素都通过教师发挥主动性去调整，从而影响学生的学习活动，达到教学过程最优化，取得最大的教学效果。

## 二、高校教育教学的特点

### （一）特殊的教学对象

和中小学相比，高校的教学对象有很大的不同。高校的教学对象大多是已经成年的青年，相较于中小学生他们在生理和心理上都要成熟得多，包括认知能力在内的各种能力都有了很大的提高，具有明显的特殊性。

首先，高校的教学对象各种知觉都较成熟。由于年龄的增长，大学生各种感觉器官都已发育成熟，对各种知识和技能的学习不仅仅停留在认识的层面，还会根据自己已有的经验和知识基础去深刻地理解和运用，并且可以对所学的知识进行加工和重组。此外，大学生除了可以很快地接受新知识外，还可以积极地将所学用于实践，拥有较灵敏的知觉和感觉系统。

其次，高校的教学对象可以有目的地去观察和认知。随着大学生知识和阅历的丰富，对周围事物的观察不再只是盲目进行，而是出于一定的目的，并且进行一系列较系统的观察。同时，他们还可以做出明确的观察结论和总结，而且在观察的过程中，也会根据需要适当地选择合适的工具，及时改变策略，合理预测结果，并做好充分的解决可能出现的问题的准备。

最后，高校的教学对象处于思维发展的过渡期。大学生的思维既有一直以来的形式逻辑思维的部分，也开始逐步进入辩证逻辑思维；既明确不同事物的确定界限，也开始接受辩证统一的认知，可以看到事物的对立统一面。同时，大学生的创造性思维也在飞速发展，他们总是有很多奇思怪想，他们创新大胆。需要注意的是，大学生处于思维发展的过渡期，既表现出深刻性、批判性的一面，但由于大学生还不够成熟，也容易表现出一定的盲目和冲动。

### (二) 多维度的教学目标

正因为高校教学面对的教学对象特殊，所以高校教育教学的教学目标也更丰富，呈现多维度性。

首先，高校要注重培养学生的想象力和创造力，让学生学会思考，学会探究未知。高校，除了是传授知识的教育场所，更重要的作用是作为一种研究机构。这就要求高校的教师除了要传授给学生书本上的静态的知识外，还要教会学生学会思考、学会探究，为以后漫长生活中的自我学习打下坚实的基础。同时教师还需要将知识与想象结合在一起，鼓励学生大胆想象，培养学生的想象力和创造力。因为书本上的知识都是经人组织、整合过的生活产物的结果，是一种不会跟随时代步伐和人的思维节奏的静态知识。即使再怎样精细详尽、条理清晰、逻辑合理，它也是"死"的。如果教师只把这样的知识传授给学生，那么日积月累，学生可能就不会思考和探究了。

其次，高校要充分培养学生的实践能力。大学生在高校里学习了几年以后，除了成为一个拥有丰富学识的高学历人才，为了要充分适应当前社会，还需要很强的实践能力。在高校，教师必须要充分调动学生学习的主动性，改变灌输性的教学方法，使学生也成为知识的探索者和研究者；需要给予学生亲自实践的机会，提高学生的实际动手能力，充分培养学生的实践能力。

最后，高校要注重学生精神世界的建设。大学生除了要学习知识、锻炼能力，要想真正成人，还需要开拓精神世界，以高尚、丰富的精神世界武装自己。

综上所述，知识是人适应社会的前提；能力是以知识为基础的，能力的发展必须有丰富的知识作前提；而精神则是人之所以成为人的核心，三者缺一不可。所以，高校教学必须做到传授知识、培养能力和丰富精神三者相统一。

### (三) 以探究学习为主的教学模式

从能力水平而言，大学生已经具备了相当成熟的感知能力，他们已不像中小学生那样需要手把手教授。高校的教师就需要适当引导学生自己去探索未知的东西，因而高校教学的教学过程主要是以探究学习为主进行的。

高校教学，虽然也有教材，但绝不是教师一板一眼地把教材上的东西原封不动地讲解给学生，而是需要学生在自己已有知识的基础上，在教师的指导下，用自己的方法去认识世界、探索未知。随着时代的发展，学生已有知识的增加，真理在学生眼中的表现形式就会不同。大学的使命是探索知识和追寻真理，而非认识真理。也就是说，高校教学应当是以探究学习为主的。只有培养学生的探究能力，使他们对知识有更为深刻的理解，并学会探究未知，对真理持批判态度，才算是真正地完成大学的使命。

（四）综合度高的教学内容

高校教学的教学内容是高度综合的，具体表现为以下两方面。

1. 具体的教学内容综合度高

现代社会，由于科技的快速发展，社会生产和人们生活方面所产生的各种问题都需要各行各业之间的相互合作去解决。这就促使社会需要既专业又全面的高级人才，也使得大学的教学内容往高度综合的方向发展。综合而言，高校必须以培养基础知识牢固、专业能力强，同时知识层面宽的人才标准进行教学。只有这样，高校培养出来的人才才能适应瞬息万变的科技和日新月异的社会。

2. 教学内容的形式综合度较高

随着科技的发展，具体的教学内容不仅仅局限于由教育局编写印发的各种纸质教材，还有可以提供更多信息、更大信息量的电视、广播以及互联网等；具体的教学方法也不仅仅局限于课堂上教师的费尽唇舌和奋笔疾书了，还多了可以随时随地学习的远程教学和可以省时省事的投影设备和多媒体等。纸质教材有可能存在内容过时、信息量有限等缺陷，配合以上科技工具辅助的教学内容更加丰富、形象和开放，更加可以激发学生的学习兴趣，培养他们的发散思维和创造思维。

（五）多样化的教学方法

高校教育教学有多维度的教学目标和高综合度的教学内容的特点，决定了高校教学的教学方法也将呈现多样性。

首先大学与中小学不同，存在许多相互独立的不同专业与学科，而面对不同专业的学生，教师应该采用不同的教学方法。教学方法的选择要符合学生的专业特点，力求利于学生迅速吸收新知识。因为即使面对同样的教学内容，不同专业的学生的接受程度也有所不同。所以，高校教学的教学方法是不能一成不变的。

其次，现代科技发展得很快，各种手段、方法被应用到了教学上，比如影视材料、互联网信息等的使用。高校教育教学要在使用一般性的教学方法之上，灵活结合各种教学手段，尤其要充分发挥计算机的辅助作用。

最后，即使使用同样的教学方法，使用教学方法的过程也存在不同，比如使用某种方法的前提条件不同、使用的步骤不同等以及面对大学生的心理素质和接受能力不同等。所以，即使同一种教学方法也呈现着多样性的特征。事实上，学生接受知识和内化知识的速度主要决定于教师是否使用了正确的教学方法，而正确教学方法的选择可以使学生在理论和实践上共同进步、身心同时发展。所以，高校教育教学的教学方法一定是多样的，但一定要是适合学生发展的。

### （六）高层次的师生互动

高校教育教学的成效取决于课堂上师生之间的交流和互动。有效和良性的师生互动既可以促进学生情感和认知双方面的发展，也可以促进教师自身的发展，使师生双方都受惠，达到教学相长的目的。高校教育教学的师生互动与中小学又有所不同，因为高校教育教学的师生双方都具有特殊性，所以高校的师生互动表现出深入性和高层次性。

首先，大学教师应该是知识的实质权威者，而不是传统的形式权威者，即教师应该具有高深学问和高尚的情操以及崇高的人格魅力。随着现代科技的发展，知识更新速度之快让学生对教师的学识产生怀疑，他们害怕教师会把无用的、过时的东西传授给自己，既浪费时间又得不偿失。在此影响下，教师需要不断地迎接挑战，丰富自己。只有教师的学问深了、素质高了，才有可能成为知识上的权威者，大学生对教师才会尊重和信赖，双方才能达到真正的良性互动，才能有效提高教学效果。

其次，大学生也是特殊的群体。大学生处在特殊的年龄阶段，心理初步成熟，他们希望被教师当作课堂互动中的另一个主体，得到教师的尊重和关爱；希望教师能把他们当作自己的朋友；希望和教师建立一种平等、融洽的师生情感。角色的不同，互动的形式和内涵也就不同。高校教育教学的师生互动更加具有平等性和民主性，是更深层次的一种师生互动。

## 三、高校教育教学的创新性特征

### （一）平等性

高校的学生来自不同的地方，由于遗传、教育环境等，智力水平存在差异，他们的家庭出身、社会地位和生理心理状态也不同。但在人格上，他们都是具有平等人格的主体，所以在教育教学中，首先教师应一视同仁，使学生的基本权利得到保障。其次，教师在对课堂教学资源的分配上应平等地考虑每一个学生，包括课堂问题的设计、教师提问的对象等，都应该为学生的发展给予最合理的分配，不能存私心，歧视任何学生。然而，现实生活中，往往会存在很多不合理的差别对待：有的教师对成绩差的学生存在歧视；更有甚者，个别教师对家庭经济条件好的学生另眼相看；有的教师会有性别歧视。教师必须保证用同样的眼光去看待学生，给予他们同样的机会。最后，在师生的互动中，教师要充分理解学生的个人情感以及学生在发展过程中遇到的种种情感问题，并及时给予恰当的帮助。在传统教学中，教师大多以"教"和"管"为主，很少顾及学生的心理，学生只是被动地接受知识和技能，而教学公平则更多地注重学生的个体差异，充分尊重学生的自主发展，使学生充分感受到自己与别人真正在发展上的平等。

（二）差异性

差异性是针对平等性而言的。虽然教学要求教师平等对待学生，但所谓的平等对待并不等同于毫无差异，而是对教师提出的更高要求，即它要求教师在平等中还要做到差别对待。这是因为每个学生都是具有不同特性的鲜活的个体，他们有不同的思想、意识和学习方法，他们都处于人格发展的敏感期，除了来自家庭的关爱和呵护，教师对他们的引导也相当重要。现实的课堂中，有的教师习惯于用统一的标准去要求每一个学生，要求他们考试都要拿到什么样的分数，要求他们一样的优秀、一样的聪颖；有的教师用同样的方式和内容去教授全体学生，并不关心是不是所有的个体都能接受和理解，这将使教学效果较差。在教育教学中，教师首先要承认学生的独特性和差异性，用心研究他们的学习习惯和思考方式，根据不同的学生制定不同的教学方法。其次，还要积极与学生沟通、鼓励学生、引导学生，培养学生的创造精神和完整的人格，不压抑学生的自主成长和发展，这样才能使每个学生都得到全面发展，才能为社会培养和输送不同类型的人才。

（三）发展性

高校教育教学的最终目的是促进受教育者的发展，也就是使每个个体都得到发展，而这种发展又不是以一个统一标准去要求的。个体的差异使得每个学生并不具有一样的基础，并不是都能够发展到同一个高度。著名教育学家赞克夫曾经提出著名的"教学与发展"教学理论。该理论提出了五条教学原则，其中一条就是"使全体学生都得到一般发展的原则"。事实上，在实际教学过程中，学生有好、中、差之分，教师不可能使这三类学生都发展到一样的高度。发展性就是要求教师在尽可能的情况下使用一切方法使得他们都得到相对于自身来说最大的发展。不求一致发展，但能使全体学生都得到一般发展是可以做到的。总之，发展性是高校教育教学公平的最高要求，也是对教师最高的要求，在任何时候教师都应该谨记——教学的最终目的是要促进每个学生的发展。

## 第二节　高校教育教学模式

教育教学模式是反映特定教学理论，为实现相应的教学目标而采用的一系列教学形式和模式化的教学活动结构。简单划分，可将教育教学模式分为传统教学模式和混合式教学模式。但在现实教学中，因为教学目标、内容、学生情况、教师教授风格等诸多方面存在多样性，决定了教师教学采用的教育教学模式也是多种多样的，并且每一种模式都反映了一种或几种特定的教学理论。没有哪一种教育教学模式具有普适性，均要求教师根据实际情况随机选择最为适当的教学模式。

### 一、传统教学模式

#### （一）传统教学模式概念

高校教育教学模式为高校教学活动指明方向，教师在教学活动中也会参照相应的教学模式来教学，有些教师能选择恰当的教学模式，而有些教师所选择的教学模式就不那么科学。因此，在教师进行高校教育教学活动时，充分了解各种教学模式，能帮助他们在实际教学中选择一种适合本门课程的教学模式，有利于促进教学模式的科学发展。

传统教学模式这个定义本身是相对的，当新型的教学模式出现后，之前沿用的教学模式就会被归为传统的教学模式。现在大众所称的传统教育模式是以赫尔巴特的教育思想为主要理论基础，主张以教师为中心，通过教师的讲授、板书及教学媒体的辅助，把知识传递给学生的一种教学模式。在这种教学模式中，主要环节由教师主导，教师为学生讲授精心准备的课堂知识，学生可以进行问题反馈，教师根据学生问题进行有针对性的分析。在这种教学模式下，学生对知识的真正掌握程度以及对知识的认可程度有限，学生独立发现问题并解决问题的能力很难通过这种方式提高。

## （二）传统教学模式特点

分析传统教学模式的特点，我们能更好地去理解传统教学模式教学的核心，便于我们之后对新型模式进行比较。传统教学模式的特点主要有以下三方面：以教师为中心、以知识为导向和以应试为目标。

### 1. 以教师为中心

高校传统课堂上一直秉承"教师为中心"的教学理念。在这样的教学理念下，我们经常把过多的关注点放在教师的"教"上，而忽略了学生"学"的重要性。

另外，在高校传统课堂中，一切教学活动都由教师发起，教师是课堂的中心和主宰者。具体而言，教师根据教学内容选择教学方法，掌控课堂节奏，发起课堂互动并根据学生表现给出相应的评价，这个教学环节中，教师的地位高高在上，而学生需要对教师的意见进行服从，整个教学都围绕教师来展开。学生只是遵循教师规定的教学步骤，是知识被动的接收者。在这种教学模式下，只有少数学生有机会参与课堂互动和讨论，而绝大部分学生都只能被动地接受知识，很少有机会去实践。这便导致学生遇到问题无法及时解决，长此以往就会造成学习的困难。

### 2. 以知识为导向

在传统课堂理论中"知识导向"的理念贯穿始终。高校传统教学模式中教师主导课堂教学，在课上进行大量的重点知识讲授，这对于学生快速吸收知识有很好的效果，学生能够在有限的课堂中根据教师的指导掌握课堂的重点知识，同时教师的讲解有助于帮助学生在新旧知识中搭建起桥梁。在这样的教学模式中，绝大多数学生的基础知识能够更牢固，是保证教学投入和高效产出的一种教学方式。

另外，传统教学理论主张通过记忆背诵等方法帮助学生有效巩固课程中的重要知识点，在提高学生成绩方面的效果是明显的。这主要是因为在传统课堂中，教师会将课堂的知识要点不断地进行提问，通过奖惩措施帮助学生记忆学习重点，不断地帮助学生提取自己保留在大脑中的重点知识。

## 3. 以"应试"为目标

传统课堂教学注重课堂知识的传授，而对课堂知识能否顺利应用于现实生活关注较少。课堂的主要知识都靠教师单一的传授，缺乏师生间充分的讨论和思考，形式单一因而难以激起学生的学习动力。由于教学任务量大，教师在课堂上的提问较为形式化，在抛出问题后，只有少量的时间能真正留给学生去思考和讨论，重点放在教师的讲解和传授方面，这对于锻炼学生的主动思考和探索能力难以起到实质性的作用。

传统课堂教学理论把教学重点放在知识的传递上，对学生思维能力的发展和创新意识的提升缺乏重视，强调正确答案的"唯一性"，培养出的学生很容易只有一种思维和同一种逻辑，即教师强调了统一性，却忽视了多样性。此外，传统教学理论对学生的解决问题能力培养有限，传统教学理论强调机械性地学习，忽略了学习中的情感因素，忽略学生学习的兴趣和动机，学生在教师的不断强迫下重复记忆与练习，学习的方式是不断地重复，容易使学生因学习过程枯燥而厌烦，学生学习的动力相对较弱，学到的东西多是为"应试"做准备，课上的知识很难顺利迁移到现实生活中去解决现实问题。

## 二、混合式教学模式

当前，中国教育信息化已迈入全新发展阶段。推动信息技术与高等教育的深度融合，创新人才培养模式，已经被摆在了非常重要的位置。可以说，高等教育信息化是促进高等教育改革创新和实现教育教学质量提升的重要途径。通过改革传统的教学模式，将传统的课堂面授与在线学习相结合而形成的混合式教学模式，是在信息化条件下高校教学结构转型的有益实践和必然要求。

### （一）混合式教学模式的特征

混合式教学是近年来教育领域出现的新名词，但它并非一种全新的教学理念与方法，而是随着教育信息化的不断深入发展，逐步受到人们的关注和重视的教学模式。其实，在传统的教学中，混合式教学的形式和内容已有所呈现，如：将传统的板书与幻灯片、投影仪结合，呈现出立体的教学内容；将传统教学设计与计算机辅助教学相结合，形成新的教学形式等。这些都可以看作混合式教学的雏形。混合式教学所具备的三大特征，使其相对于单纯的课堂教学和在线学习而言，具有更大的优势。

## 1. 综合性

不同于传统的课堂教学模式和单纯的在线学习模式，混合式教学模式最大的特征在于它具有很强的综合性，主要表现在两个方面：一是多种教学理论的混合，二是教学过程中多种要素的混合。就混合式教学的理论基础而言，支撑混合式教学不断发展的理论不断被挖掘和提出，诸如人本主义理论、建构主义理论、掌握学习理论、教育传播理论等在多元融合的过程中都对混合式教学的发展提供了有力的理论支撑。虽然每种教育理论都有各自的优点，但不可否认，各种教育理论也都有其不可消除的时代局限性。为充分适应不同学习者和学习环境的要求，混合式教学离不开多种教育理论的综合支持。就混合式教学过程中多种要素的混合而言，混合式教学有机融合了不同的学习环境、学习方式、评价方式、学习资源及教学媒体、目标、评价等诸多要素，使混合式教学模式成为一种更为复杂和综合的教学模式。

## 2. 实践性

混合式教学强调培养学生将知识应用到处理实际问题的能力上。与之相反，传统的教学模式以知识的获取为主要学习目标，因此在实施教学活动的过程中难以创设有效的环境将学习与社会实践结合。此外，传统教学模式在教学评价环节主要以学生的成绩高低作为衡量指标，学生的实践能力往往被忽视。但学习的最终目的并不只是知识的堆积与成绩的提升，而是将学到的知识运用到生活实践中。而学生解决实际问题的能力其实是多种技能与思维方法的集合，传统教学模式很难实现这一目标。相比于传统课堂教学模式，混合式教学更多地强调学生的主体作用，发挥学习者的主观能动性，因此更有利于学生实践能力的培养。具体来说，首先，混合式教学创设的学习环境更能激发学生的学习兴趣，通过学生自主探讨学习，提高学生的独立思考能力，使学生敢于提出问题，并在讨论交流中解决问题。其次，混合式教学涵盖了视频、图片等多种呈现教学内容的方式，这些形式能够有效地与学生生活中面临的问题结合，为解决多样化的问题创造条件。

## 3. 互动性

相对于传统教学课堂讲授方式而言，混合式教学更加重视在师生的交互作用中完成对学习内容的传授与知识的构建。

这种互动性首先表现在教师与学生、学生与学生之间的及时交流与沟通。在传统课堂中，教师掌控了课堂的大部分甚至全部时间，学生在教师的讲授中完成对课程的学习，很少有与教师沟通的机会，而如果学生不能积极地向教师主动提问，很多问题就难以及时解决。但是在混合式教学模式之下，课堂以学生自主学习中面临的问题为导向，在完成既定教学目标的基础上，教师着重解决学生在学习中发现的问题。在这一过程中，学生根据教师的回答进行深入的思考，同时可能会产生更多的问题，学生可以在与教师和同学沟通的过程中解决问题。其次，这种互动性体现为人机交互。现代教育背景下，学生除了课堂上课之外，还要接受网络教育。在网络学习的过程中，主要是与计算机和其他通信设备的接触。网络中多样化的教学形式以及灵活便捷的特点更能激发学生的学习热情，通过在网络中获取知识、探索问题、搜寻答案来形成混合式教学的人机互动模式，有利于激发学生的创新意识。

## （二）混合式教学模式的价值

混合式教学作为课堂教学与网络学习相互融合、优势互补的教学方式，在充分整合、利用网络学习和课堂教学各自优势的前提下，有效地克服了二者自身存在的缺点和不足，实现了教学方法、教学手段、教学内容和教学主体间的完美结合。

### 1. 混合式教学相对于传统课堂教学的优势

班级授课制作为传统课堂教学最主要的形式，至今仍是我国高校的主要教学模式。这种课堂教学模式强调教师对知识的系统性传授，通过发挥教师的主导作用，可以有效把握教学进度和节奏，帮助学生系统地获得知识；也有助于师生之间的情感交流，因为教师可以随时观察学生的课上反映状况，照顾大多数学生的理解反馈和学习进度。但随着信息技术在教育领域的应用日趋成熟，教学环境的改善和教学理念的更新，尤其是一些高校试点并不断推广了混合式教学模式后，传统教学模式的弊端不断出现，而混合式教学模式的优势则日益凸显。

第一，知识传播方式的更新与学习效果的提升。传统课堂教学主要强调对知识的系统传授，教师通常运用演示、讲授等方式讲解教学大纲规定的系统化、程序化的课程重难点和考试要点。而学生的主要任务则是对概念、原理的记忆和简单应用。这就导致在传统教学环境下，容易出现长期不加更新的单一教学设计和教学方式，造成学生的听课疲劳和教师的职业倦怠。长此以往，学生被动接受大量固定知识，无法在教学行进过程中进行思考和及时提问，只是停留在对知识的浅层记忆层面，造成了学习积极性的下降和创造性的丧失，束缚了学生的发散思维，其结果必然导致学生学习效率的降低和学习效果的不佳。混合式教学模式则打破了师生间的主客关系和传统填鸭式的教学方法，丰富了知识传播的手段和途径，强调了学生"学"的重要性和主动性。借助网络教学平台，不同学习方式有机融合在一个具有丰富学习环境和情感体验的教学场域内，使学生在交流探讨中逐步认识到学习过程是对知识的深层理解、高阶思维和主动求索，而不单单只是被动地接收信息和记忆知识。这一教育模式通过鼓励学生自主、批判、探究式的学习，实现学生对知识的理解迁移，并转化为对知识高阶应用的深度学习层次，实现富有成效的学习目标。同时，在自主学习与互动探讨中进行批判性的思考，把所学知识运用到实践中去，使学生真正认识到学习是自身发展的内在需要，在交流沟通中不断接纳新的思考方式和观点观念，发现自身的不足和差距，进而积极主动地取长补短、查漏补缺，自觉主动地承担学习责任。

第二，从注重教学结果到注重教学过程的重心转移。传统课堂教学以预设的课程目标为考核标准对学生进行学习结果考核，过于强调最终的结果性评价，忽视了学生在整个学习过程中的综合表现，特别是在各个环节和不同阶段的学习效果和学习态度变化。长期重结果轻过程的培养考核方式，使一些学生考前突击复习、平时得过且过的现象长期存在。而在混合式教学环境下，教学测评则是对学生整个学习过程的跟踪性评价，不仅仅局限于期末考试这样的结果性评价。混合式教学实现了从关注教学结果到关注教学过程，从实施结果性评价到实施过程性评价的重心转移。在这种教学理念和评价方式的转变过程中，学生的学习积极性和热情被调动起来，学生会重视每一次的集体训练和小组协作，因为这不仅仅是对自身能力的培养，更是对自己学习价值的肯定和学习经验的积累。

第三，从标准化教学到个性化学习的进步。传统课堂教学所追求的是教学过程中的步调统一与规范标准。所以传统课堂教学无论是从对课堂知识的讲解还是到对课程作业的安排，都忽视了不同学习程度学生的需求。而在混合式教学环境下，依托网络教学平台，学生可以自定步调地学习相应课程内容，充分利用网络资源库拓展相关知识，尤其对自己感兴趣或薄弱的知识点可以进行深度追踪和检视。同时，还可以利用学习交流平台提出自己的困惑或问题，或自主成立交流群和协作组对相应问题进行头脑风暴，在交流中展示个性化的思路和想法。

2. 混合式教学相对于网络学习的优势

网络学习改变了传统课堂教学的教育模式和学习方式，使学习成为一种选择的过程。依托网络学习平台，在线学习以其学习资源的丰富性、学习时空的延展性和学习方式的个性化大大提高了学生的学习效率和学习热情。但不可否认的是，单纯的在线学习常常忽视学生的社会性特质，压缩了学习主体间多层次、多角度的合作空间，使学生成为网络信息的搬运工。然而学习的最终目的不仅仅是获取信息，如何把信息有效转化为知识加以吸收消化利用，如何将知识转化为智慧和为人处世的人格精神，才是掌握知识、学会做人的最终目的。混合式教学模式的实践，对有效解决单纯网络学习出现的弊端起到了积极的作用。

第一，增强了学生的集体观念和团队协作精神。不同于传统课堂上的师生间、生生间交往形式，网络学习中师生间、生生间的交往逐步由直接走向间接、由多样化走向单一化，改变了传统大学中的人际交往模式。这就导致部分学生的群体意识逐渐淡漠，集体观念和团结协作精神一般不如传统大学的学生。而混合式教学模式则是在利用了网络学习优势的基础上，将传统教学中面对面的教学手段有机地融合在网络学习之中，使信息的传递作用和情感的沟通功能得到有效发挥，这就在很大程度上减轻了网络学习中学生可能存在的孤独感和无助感，加强了师生之间的互动和学生之间的协作。可以说，这一教学模式不仅扩展了人际关系空间和学习主体空间，更增强了师生之间的情感交流，维持了良好的团队集体氛围，有利于培养学生健全的人格。

第二，弥补了网络教育中德育教育不足的缺憾。学校教育的目的不仅在于教会学生具体的知识和技能，更重要的是对学生人生观、价值观的培育。作为教师，在做到传道授业解惑的同时，更应关注其言传身教对学生正确的人生观、价值观和道德观的影响和培养。然而在网络教育中，教师只能言传而无法身教，长此以往，学生无法得到关于社会经验、人情世故的教导和指引，容易造成与社会脱节的不良后果。混合式教学则打破了单纯的"只教书，不育人"的弊端，通过网络学习之后的课上教学和团队协作，实现了在传统课堂教学中教师的言传身教。它通过建立与社会真实、有效的联系，使知识的学习、经验的传授不仅仅是课堂上的交流，更是成为沟通社会、联系社会的纽带和桥梁。这对学生性格的培养和道德理念的树立有着积极的促进作用和深刻的现实意义。

第三，实现了教师对学生学习行为的有效监督。在网络环境下学习，鉴于教师无法采取有效措施督导网络另一端的学生，因此需要学生有较强的自制力和学习自觉性。而混合式教学模式可以有效解决网络教学中存在的这些问题。因为在混合式教学中，学生学习任务的完成情况既可以通过在线提交的形式及时反馈给教师，教师也可以通过后台的交流平台进行针对性的辅导和检查，二者相互照应，可以及时有效地对学生的学习情况进行监督检查。此外，在面授环节中，教师集中针对学生在学习过程中出现的问题进行面授讲解、答疑解惑，成为学生学习环节查漏补缺的有益补充。

总而言之，混合式教学基本可以实现对学生学习行为的有效监控和指导，为学生学习效果的提升、学习自觉性的培养提供有益帮助。

### （三）混合式教学模式实施的机遇

#### 1. 教育信息化改革拓宽了混合式教学的发展空间

当前，信息技术已渗透到经济发展和社会生活的方方面面，人们的生产生活和学习方式都发生了翻天覆地的变化。在国际竞争日益加剧的情况下，各国普遍重视教育信息化在提高国家综合科研能力和国民素质方面的重要作用。要破解制约我国教育发展的瓶颈与难题，应立足于当前我国教育发展的现实情况，努力实现教育领域的变革与创新，加快教育信息化改革的速度与进程，最终实现教育现代化。

高等教育信息化是促进高等教育改革创新和实现教育教学质量提升的重要途径。在高等教育领域，教学模式的转变与教学过程的优化日益紧迫，而高校也日渐成为应用新技术、新方法和新观念的教学场域。在信息化背景下，高校的教学改革，特别是教学模式（包含教学方法）的改革，必须适应信息化时代的要求和依赖信息技术的支撑。通过改革传统的教学模式，创建新型的教育理念和教学环境，将传统的课堂面授与在线教育相融合而形成的混合式教学模式，是在信息化条件下高校教学结构范式转型的有益实践和必然要求。积极发展混合式教学，不但可以更好地发挥教师主导作用，而且更有利于激发学生的主体认同感和存在感，培养自主创新和实践操作能力，实现教学相长，达成教学目标；不仅是实现立德树人的教育目标和国家对全面培养创新型人才的主观需要，更是践行教育信息化改革、努力实现教育现代化的客观要求。总之，教育信息化改革可以为混合式教学目标的达成和教学模式的推广创造良好的外部环境，开拓广阔的发展空间。

### 2. 信息技术与教育的深度融合加快了教学结构变革的步伐

2010 年颁布的《国家中长期教育改革与发展规划纲要（2010—2020 年）》（以下简称《纲要》）明确提出：信息技术对教育发展有革命性影响，必须高度重视。2012 年 3 月教育部发布的《关于印发〈教育信息化十年发展规划（2011—2020 年）〉的通知》直接将《纲要》中的这一命题作为统领《教育信息化十年发展规划》制定与实施的总纲。在何克抗教授看来，能够让信息技术对教育发展真正产生出革命性影响的具体途径与方法，就是要充分发挥信息技术的优势，实现信息技术与教育的深度融合。而能否实现"信息技术与教育的深度融合"，也就是能否让信息技术对教育发展真正产生出"革命性影响"，唯一的衡量标准就是：传统的课堂教学结构改变了没有。① 而变革传统课堂教学结构的核心与落脚点就在于是否将"以教师为中心"的传统教学结构改变为既能充分发挥教师主导作用，又能体现学生主体地位的"主导—主体相结合"教学结构。

教学结构的变革不是抽象的、空洞的，它具体体现为课堂教学系统四个要素，即"教师""学生""教学内容"和"教学媒体"。作为将传统学习方式与在线教育优势结合起来的混合式教学模式，正是对改变传统教学结构的积极尝试。同时，信息技术与教育深度融合的时代要求也为混合式教学的发展提供了契机与平台。具体而言，在混合式教学的场域内，教师与学生的关系发生改变，教师之于学生，是"主—主"关系中的平等对话者，而不是"主—客"关系中的领导者。开放而便捷的网络资源为教师和学生提供了丰富的在线教学资源和学习信息。在网络自媒体时代，任何传播媒介都在交互作用中完成信息的传达与意义的建构，教学媒体也不例外。混合式教学媒体在实现帮助教师做好辅助工具的同时，也在完成着促进学生个体认知与知识建构、情感与人格培养的多重使命。

信息技术与教育的深度融合，要求教学应以学习者为主体，辅之以传统课堂教师的指导，实现双向互动。混合式教学正是在以学生为中心的基础上将课堂从单向的教与学转变为双向的教与学，通过信息技术创设学习环境，为教学目标的实现提供现实性条件。有鉴于此，混合式教学必将在加快实现信息技术与教育的深度融合，实现教育现代化跨越式发展的时代契机与历史机遇中快速发展。

---

① 何克抗：《如何实现信息技术与教育的"深度融合"》，《课程·教材·教法》，2014 年第 2 期，第 58 页。

# 第二章　高校教育教学现状

现代教育背景下，高校教育教学借助信息网络技术不断发展，下面对高校教育教学现状进行简要分析。

## 第一节　传统教育教学模式优势分析

传统教育教学模式的优势主要包括：教师面授学生，教学经验丰富，便于管理、控制教学进度；充分发挥教师主导地位，随时把握学生的学习状态，使学生积极地参与到课堂中；提供学生社会基础性教育，促进学生社会化发展；具有良好的集体环境和学习氛围，促进学生间的交流合作及竞争，达到良好的学习效果。

### 一、教学经验丰富

传统教育教学模式能够兴旺发达，是由其内在规律决定的。其中在教学经验方面，传统教育教学有其独特的优势。我国教育方式中的班级授课最早可以追溯到清朝时期的京师同文馆，延续至今已有 160 多年的历史，培育了几代优秀的人才，积累了丰富的经验，已经得到了人们的普遍认可，人们对传统教育教学形式有着很高的信任度和依赖度。在传统教学中，将学生固定编班按计划教学，有利于明确教学目标、安排好教学进度，教学管理系统较为规范、规模可控，因此有利于教学活动的顺利进行。对教师而言，教师一人面授多个学生，对于课堂的可控性和有序性的直接把握，不仅方便管理学生，控制教学进度，及时反馈教学效果，有较好的效果，而且大幅降低了教学的成本和学习费用。在课堂中，教师有清晰的教学思路、直观的情境创设，教学生动，突出重点，熟知教学中的每一个环节且经验丰富，随时应对学生思维的火花闪现。教师与学生之间的教学与互动在短时间内能够深刻、生动地让学生听得明白、听得清楚、理解传授的知识，保证了教学的效率。

同时，实体课堂教学效果好，关键在于"面对面"与"同步"。教学过程中，教师投身课堂的激情和学生的学习热情就是课堂的生命和灵魂，优秀的教师情感融入课堂，易于抓住教学灵感，灵活把握课堂进度，及时调整原来教学设计的欠缺，重视学生情感的诱发及反馈，把新想法、新见解及时表达出来。这有利于教师和学生灵感、思想相互碰撞，打开学生独有思维，让学生乐于学习，主动学习，学习效率较高，对于知识理论的学习更快速，掌握也更加深入。

在传统课堂中，教师通常将重点和提纲以精炼的文字和图像写画在黑板上，学生和教师的思路保持高度一致，在加深知识记忆的过程中能系统化地掌握知识的结构、重点和难点。

## 二、充分发挥教师的主导地位

传统教学模式是无数教育工作者在长期的课堂教学中总结出来的一种模式，且由多年的实践经验证明，虽然传统模式有一定的缺点，但是仍有存在的价值和意义。事实上，现代科学技术的介入是为了更好地解决传统教学中存在的问题，但这并不代表着所有的课程都要本末倒置，为了盲目追求多媒体效应而放弃优秀的教学方式。具体而言，传统课堂上，教师占据着主导地位，比较好掌控教材内容及书本中的重点难点。

另外，相比较线上教学沟通的不方便，传统教育教学模式最突出的优点就是教师可以循序渐进、深入浅出，随时把握学生动态，同时经验丰富的教师则善于通过巧妙的提问让学生的注意力集中在课堂之上，使他们参与课堂的互动。可以说，课堂提问是最有效的互动方式，使学生能积极地思考问题，主动地接受知识，成为学习的主人。总结来说，传统课堂上教师要善于通过提问展开课堂上的争论，活跃思维，培养学生分析问题的习惯，同时还要密切关注学生的心理状态，通过巧妙地设问激发他们的学习兴趣，使他们在面对问题时善于运用自身已经具有的知识对问题进行分析和解决，有利于思维的发散和能力的提升。

## 三、提供社会基础性教育

传统教育教学模式注重的是知识性、理论性和目的性，同时也具备一定内容的基础教育。目前，高校必须在教育中加强学生与社会的联系，多设置一些社会实践活动，将教学开展到教室之外，形成学生、家庭、社会的联合体，帮助学生处理社会环境关系，形成属于自己的较为稳定的社会关系网。这对于教师的教学能力、教学方式、教学态度以及教师自身的特性等都有一定的要求，且这些因素都会直接影响学生的成长和发展过程，在教育界中学者称这些因素的教学为隐性课堂。这类隐性课堂提供的教学影响不可忽视，对于学生日后的成长和发展具有重要的意义。

学习知识培养能力固然重要，但在课堂上，师生之间面对面授课、沟通合作积累的社会基本能力更为重要。基于此，部分高校还增设"公共关系与人际交往能力""职场沟通""中华传统文化与公务员素质建设"等课程。人际交往就是在校园环境的学习生活中，人与人之间进行信息交流和情感交互的沟通过程，它是无时无刻不在进行的一种实际互动，学生之间、师生之间都是通过这种互动，从而获得知识的满足、社会性能的培养。传统教育教学活动中，不仅存在着知识的传授，而且还存在着感情交流与沟通，这就需要教师从立德树人的高度去培养学生的个人素养和学习能力，从而培养学生正确的道德观、人生观、世界观。

## 四、具有良好的集体学习环境和学习氛围

学习氛围、小组合作、社会实践和社会体验等因素在大学文化和大学教育中都必不可少，而集体活动则是大学生参与校园实践活动中最基本、最重要的一种形式。大学生的成长离不开班级组织和管理，只有在集体环境中，才能得到全面的发展，传统教学模式对于课堂氛围和师生关系的培养都十分有用，通过传统课堂学生能更好地形成团结能力、班级凝聚力。

在高校课堂上，教师和学生能形成一个整体，师生关系会更加密切，课堂氛围相对会较好，学生更愿意参与互动过程，自主能力也会得到一定的培养，学生参与感较强。通过打造良好的课堂气氛，学生和老师都会相对身心愉悦，教学过程更易推进，在积极活跃的课堂氛围下教师和同学的思维也会相对敏捷，各自的潜力也会相对更深地挖掘出来，从而在轻松愉悦的情况下高质量完成教学。

# 第二节　现代高校教育教学分析

以下从教师教学、学生学习和课堂发展三大维度对现代高校教育教学做具体分析。

## 一、教师教学

为便于分析，下面从教学目标达成、教学重难点讲解、教学内容和知识结构、教学环节设置和方法运用、学习反馈获取、教学资源利用以及教师个人特质七个方面分析教师教学的现状。

### （一）教学目标达成

在教学目标达成方面，高校大部分教师群体均有明确的教学目标，且每一章教学目标紧扣课程和教材。但也有一些教师却无法顺利达成教学目标，直接原因包括：教师难以控制教学时间，无法按时完成教学任务；教师教学方法使用不当，教学效果不理想；学生投入度和兴趣不足，学习效果不理想等。

### （二）教学重难点讲解

在教学重难点讲解方面，部分教师会选择 PPT 重难点直观呈现。如在计算机课堂中，教师讲解新课前，直接将该章几大重难点标注在 PPT 目录之后。部分教师选择图表展现重难点。如在经济法课堂中，教师采取图解形式，用逻辑箭头讲解专有名词之间的关系。还有部分教师则习惯于口头强调重难点，如英语课堂上教师在讲解文章前，口头强调文章中的专有名词和易错词汇，要求学生记录并默写。也有少部分教师未能向学生强调该节课的重难点内容。由此可见，更多教师能做到强调教学重难点，以引起学生的重视。

### （三）教学内容和知识结构

在教学内容和知识结构方面，部分教师选择将教材内容提炼为简短型文字或知识梳理图表以供学生在脑中形成一幅知识结构图。如教育史课堂上，教师的 PPT 内容均为简练的整合型表格，对代表人物提出的主张、创办的学堂及重要影响给予清晰的梳理，一定程度上提高了学生的学习效率。部分教师则选择将概念性、叙述性文字内容大段附于 PPT 页面，降低了学生的观看动力。另外，也有部分教师在整理教学内容时过于精简，PPT 图片远远多于文字、PPT 仅几页或仅有标题，导致学生在听课过程中难以及时记录重点内容或难以跟上教师授课节奏。综上所述，教师在教学内容和知识结构梳理方面仍存在不足。

（四）教学环节设置和方法运用

在教学环节设置和方法运用方面，部分教师能够按照教学规律教学，注重小组合作法、导入法、提问法、演绎法以及归纳法的运用。如某节政治课中，教师组织学生小组进行演讲 PK，学生参与打分；教师将演讲内容与新课内容联系起来，形成自然的知识导入。部分教师运用提问法加强与学生的互动。如计算机教师课前对学生进行作业提问时，学生能顺利作答；但在课堂中提问时，许多学生都无法顺利作答。可见顺利实施提问法仍以学生预先准备为前提，学生当堂思考新问题的能力有待提高。教师在实施归纳法和演绎法时，许多学生跟不上教师的讲解速度。如数学课上，教师对公式进行逻辑推导，仅有少部分学生能跟上教师的推导速度并作出回应。部分教师尝试创新教学方式。如法学课上，教师用各类形象的例子帮助学生理解难度较大的概念性词汇，一系列生动的创意举例法引起了学生的极大兴趣。总之，教师在教学环节设置和方法运用方面不断进步，但仍有待完善。

（五）学习反馈获取

在学习反馈获取方面，教师工作多有不足。仅有部分教师会采取当堂发放自编习题对学生进行知识检测并提问，一些教师选择给予一定时间让学生当堂完成课后习题并提问，一些教师则选择直接对学生采取课堂知识点提问。这些采取了当堂学习评价与测量的课堂中的学生知识掌握情况能够被直观地展现，从而提醒教师科学地完善实时教学策略。然而，也有一些教师仅对学生进行简单沟通询问或不提问，无法及时掌握学生的学习情况。

（六）教学资源利用

在教学资源利用方面，绝大部分教师采取 PPT 教学，仅有个别教师能灵活利用身边的实物进行教学，如一些数学教师采用黑板板书教学。由此可见，在教育技术不断发展的过程中，教师能够逐渐提升自身的多媒体使用技能，然而也造成当前高校教学以 PPT 教学为主、抛弃其他教学资源的现象，一些教师不能充分利用身边的教学资源。实物、视频等其他的丰富教学资源缺乏，使学生的学习兴趣在一定程度上受到教师 PPT 制作水平的影响，降低了学生多途径增强学习兴趣的可能性。

### （七）教师个人特质

在教师个人特质方面，无法否认每位教师都拥有个人优势，如年龄优势、性格优势、专业优势等。在课堂观察中发现，性格较为外向的教师更愿意与学生交流并带动课堂氛围，性格较为内向的教师一般以传统单向教授为主，难以带动课堂气氛；专业性较强的教师一般思考的是教学效能的综合提高策略，普通教师则以完成日常教学任务为主要目的。此外，也有部分教师明显有尝试进行课堂设计的行为，如导入环节和提问环节。

## 二、学生学习

### （一）学习态度

学习态度是指学生对学习及其学习情境所表现出来一种比较稳定的心理倾向，它通常可以从学生对待学习的精神集中情况、情绪状态和意志力状态等方面来说明和体现。学习态度不是与生俱来的，而是个体在成长过程中慢慢地学习得来的。对大学生的学习态度的研究有助于深刻地把握他们的学习情况。

第一，学习兴趣。学习兴趣是指一个人对学习的一种积极的认识倾向与情绪状态。从教育心理学的角度来说，兴趣是一个人倾向于认识、研究获得某种知识的心理特征，是可以推动人们求知的一种内在力量。兴趣是最好的老师，一个学生如果对学习产生了浓厚的兴趣，那么他就会具有主动学习、积极思维、勇于探索的强大动力。然而，目前有部分学生对学习的兴趣比较淡漠，学习兴趣和热情低下。

第二，课堂出勤情况。课堂教学是高校教学的重要组成部分，也是大学生获取知识的主要途径，大学生的课堂出勤率是学校和教师最关注的问题之一，出勤率的高低影响着教学的效果。从实际出勤来看，大多数学生逃课都是选修课，而对专业课的缺勤远远比选修课少。同时，还存在一个很严重的问题，就是隐性逃课现象比较严重。隐性逃课指的是学生虽然坐在教室里，但是却做着其他各种各样无关听课的事情，这些现象都严重影响了教学工作的正常开展。

（二）专业取向

大学生的专业取向，简单来说，就是大学生基于自己的兴趣和对将来工作的预期所选择专业的倾向性。

大学教育的主要目的是为社会培养高级专业技术人才，因而专业性是大学学习活动的一个显著特点。根据我国教育当前的情况，我国大学生的专业选择在当初填报高考志愿的时候就有了定向，甚至在高中教育阶段就已经有了文理科的选择。专业选择的理想与否，深刻地影响着大学生对专业学习的态度和兴趣。然而，在实际专业选择中，一多半的学生在选择所学专业的时候并没有充分地考虑到自身的特点和兴趣，会对学生在后期的学习产生很大的影响。但是随着对所学专业的了解，通过努力发现了专业学习的乐趣，逐步转变了对学习的态度，这也可以说明，学生的学习兴趣、专业学习取向是可以通过学习来进行培养的。

（三）学习策略

学习策略是指学习者为了提高学习的效果和效率，有目的、有意识地制定的有关学习过程的较为复杂的方案。它具有主动性、有效性、过程性和程序性等几个方面的特征。

第一，学习计划性。对于大学生来说，学习是一项任务复杂、繁重并且巨大的工程，要想使学习取得高质高效，就需要制定合乎自身特点的、科学的、恰当的学习计划，并且需要严格按照计划执行，这样才能达到应有的效果。然而，一些大学生的学习计划性不强，或者在制订学习计划的时候，一些大学生重视学习的计划性，但是学习计划的科学性和执行力不强。这可以说明，一些大学生学习具有盲目性和随意性，自我监控能力较差。一些大学生在学习上的自我组织和管理的实际效果不理想，造成学习计划未能执行，既有计划合理性和可操作性不强的原因，更有一些大学生自身意志力不足的原因。

第二，学习方法。在学习的过程中，为了达到学习目的、掌握学习内容而采取的手段、方式、途径以及学习所应遵循的一些操作性原则被称为学习方法。众所周知，掌握并且使用科学的学习方法可以起到事半功倍的效果，因此，学习方法的重要性对于大学生来说是毋庸置疑的。然而，在实际学习过程中，大部分的大学生并没有能够形成科学、系统的学习方法。课前预习是上课前对即将要上的学习内容进行阅读，了解其大概，做到心中有数，以便于掌握听课的主动权。预习是自主学习的一种方式，是否正确理解了学习内容，是否准确地把握了学习的重点和难点，是否掌握了隐含的思想关键等都能在听课中及时地得到检验、加强和矫正，有利于提高学生的学习能力。课后复习则指的是课后所有的工作，包括做作业、看书本、做课外练习等，是将所学知识进行再学习、消化吸收的过程，目的在于牢固掌握、灵活运用。

### 三、课堂发展

下面从管理、氛围、互动这三个方面观察和分析课堂发展的现状。

#### （一）管理

在管理方面，首先，大部分教师并未进行明显的教学环节时间管理，即不能科学计划和有效控制教学环节的时间，如教师在多媒体视频学习环节开始前并未做具体的时间规划和安排，遇到学生无法将注意力从视频中转回教材内容中时，难以对学生采取时间控制手段；再如计算机教师在讲解、提问上花费时间过长，留给学生思考、讨论的时间明显不足。其次，在大课堂中，教师一般未采取分组教学和分组落座或其他合理的座位管理办法，学生择座过于自由，导致课堂上部分消极学习的学生长期落座于中后排和边缘位置，不利于学生在课堂上的共同发展。此外，在课堂行为管理上，部分教师对于学生的不良行为不及时采取措施，如对学生娱乐、睡觉等行为持放任态度，对学生的逃课行为仅仅进行扣分或期末挂科处理，并未主动思考如何通过一些有效的管理办法改善现状。

#### （二）氛围

在氛围方面，被观察课堂中，多数课堂气氛和谐程度较高，然而教师却难以把握在何时转换角色扮演参与者，多数教师在教学全程都以主导者角色存在，以讲解为主。例如，如理工科的课堂中，教师多以个人主讲公式推导或实验原理为主，少有学生参与其中，以数学课、物理课最为明显；课堂中也很少设置专门的学生讨论环节，且在学生思考问题的过程中，部分教师难以参与其中，更多则以单纯提问者的角色存在于这一环节当中，此种情况普遍存在于多门课程中。此外，教师难以维持某种氛围也是一种明显现象，原因是学生难以长时间集中注意力，而教师也未做到保持对学生状态的时刻关注。

（三）互动

在互动方面，部分教师往往容易关注与自己距离较近的学生群体，座位越往后，教师越无法兼顾。课堂提问时，前排学生与教师的交流欲望较强，中后排学生并没有明显的沟通积极性，教师难以关注到中后排学生的知识掌握程度。同时，一些学生的互动不够，仅在教师讲课引起学生兴趣的课堂中有主动与教师互动的现象，如在教师语言诙谐的课程上，学生积极回应教师并提出问题。但是，许多教师都没有设置专门的课堂互动环节，学生间的互动严重缺失。

总之，高校教育教学存在的一系列的问题，虽都是微观性问题，有些难以引起教师和学生的重视，但是多个课堂存在的多种不同的问题综合起来，可阻碍高校课堂教学效能的发挥。因此，需要从各个细节方面入手，寻找各类问题的优化机制，以更高效地改善或解决某些问题。

# 第三节　高校教育教学信息化模式分析

## 一、课堂教学模式的新理念——信息技术与课程整合

### （一）信息技术与课程整合的含义

信息技术与课程整合是我国 21 世纪基础教育教学改革的一个新途径，与学科教学有着密切的联系和继承性，同时也是具有相对独立性特点的新型课堂教学模式类型。

信息技术与课程整合是指在课堂教学过程中把信息技术、信息资源、信息方法、人力资源和课程内容有机结合，共同完成课堂教学任务的一种新型的教学方式。信息技术与课程整合的着重点是"整合"这个概念，整合不等于混合，要将信息技术看作各类学习的一个有机组成部分，以便更好地完成课程教学目标。它强调在利用信息技术之前，教师要清楚信息技术的优势和不足以及学科教学的需求，不要把信息技术仅作为一个呈现和知识传递的工具，而应该将信息技术作为激励情感和促进学生思维和交流的工具。另外，对于学生来说，要善于将信息技术作为一种终身受用的学习知识和提高技能的认知工具。

实际应用中，数字化学习是信息技术与课程的核心。数字化学习是信息时代学习的重要方式，主要由数字化学习环境、数字化学习资源、数字化学习方式三个要素构成，课程学习的活动、内容、方式依赖于数字化学习三要素的支持。同时，数字化学习也对学习者和教师提出了更高的要求。

## （二）信息技术与课程整合的特征

### 1. 任务驱动式的教学过程

信息技术与课程整合以各种各样的主题任务进行驱动教学，有意识地开展信息技术与其他学科（甚至多学科）相联系的横向综合的教学。这些任务可以是具体学科的任务，也可以是真实性的问题情境（学科任务包含其中），使学生置身于提出问题、思考问题、解决问题的动态过程中进行学习。同时，通过一个或几个任务，把相关的各学科知识和能力要求作为一个整体，有机地结合在一起。学生在完成任务的同时，也就达成了学习目标。

### 2. 信息技术作为教师、学生的基本认知工具

在信息技术与课程整合中，强调信息技术服务于学科的内在需求、服务于具体的任务。教师和学生都以一种自然的方式对待信息技术，把信息技术作为获取信息、探索问题、协作解决问题的认知工具，把各种技术手段完美、恰当地融合到课程的教学与学习中去。

### 3. 能力培养和知识学习相结合的教学目标

信息技术与课程整合要求学生学习的重心不仅仅放在学会知识上，而是转到学会学习、掌握方法和培养能力上，包括培养学生的"信息素养"。学生利用信息技术解决问题的过程，是一个充满想象、不断创新的过程，同时又是一个科学严谨、有计划的动手实践过程，有助于培养学生的创新精神和实践能力。通过这种"任务驱动式"的不断训练，学生可以把这种解决问题的技能逐渐迁移到其他领域。

### 4. "教师为主导、学生为主体"的教学模式

在信息技术与课程整合的教学模式中，强调学生的主体性，要求充分发挥学生在学习过程中的主动性、积极性和创造性。学生被看作知识建构过程的积极参与者，学习的许多目标和任务都需要学生主动、有目的地获取材料来实

现。教师则是教学过程的组织者、指导者、促进者和咨询者，教师的主导作用可以使教学过程更加优化，是教学活动中重要的一环。

5. 个别化学习和协作学习的和谐统一

信息技术能够为我们提供一个开放性的实践平台，使每一位学生在这个平台上可以采用不同的方法、工具完成同一个任务。这种个别化教学策略对于发挥学生的主动性和进行因人而异的学习是很有帮助的。社会化大生产的发展，要求人们具有协同工作的精神。除此之外，一些高级认知任务（例如复杂问题的解决、作品评价等）也要求多个学生能对同一问题发表不同的观点，并在综合评价的基础上，协作完成任务。

## 二、建构主义理论指导下的信息化教学模式

### （一）理想的高校课堂信息化教学模式

建构主义提倡在教师指导下的、以学习者为中心的学习。其中，学生是信息加工的主体，是认知结构的主动建构者，而不是外部刺激的被动接受者和被灌输对象；教师则是意义建构的帮助者、引导者与促进者，而不是知识的传输者与灌输者。这样就可以把学生、教师、教学信息、学习环境作为信息化教育教学模式的四个要素，这四个因素相互作用、相互联系成为稳定的信息化教育的教学模式结构，如图 2-1 所示。

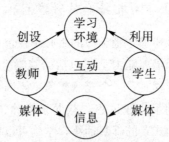

图 2-1　信息化教育的教学模式图

以建构主义理论为指导，理想的高校课堂信息化教学模式可描述为：在高校课堂教学过程中，以学生为中心，学习者在教师创设的情境、协作与会话等学习环境中充分发挥自身的主动性和积极性，对当前所学的知识进行意义建构，并用其所学解决实际问题。在这种模式中，学生是知识的主动建构者和运用者；教师是教学过程的指导者与组织者、意义建构的促进者和帮助者；信息

所携带的知识不再是教师传授的内容，而是学生主动建构意义的对象（客体）；学习环境包括"情境""协作""会话"等要素。具体而言，"情境"必须有利于学生对所学内容的意义建构，"协作"发生在学习过程的始终，而学习小组的成员之间必须通过"会话"协商共同完成学习任务。

（二）信息化教学模式与传统教学模式的比较

在信息化教学模式中，教师和学生是互动关系，教师给予学生引导和帮助，同样教师也可在教学过程中吸收到许多新的信息，即教学相长。建构主义指导下的信息化教学模式与传统的教学模式的区别如表 2-1 所示。

表 2-1　信息化教学模式与传统教学模式的比较

| | 传统教学模式 | 信息化教学模式 |
| --- | --- | --- |
| 教学目标 | 课程从局部开始，强调基本技能 | 课程从整体入手展开至部分，强调大概念 |
| 教学内容 | 严格忠实于固定的教材 | 追踪学生的问题和兴趣 |
| 教学资源 | 材料主要来源于课本和手册 | 原始的信息和可被操纵的材料 |
| 教学信息 | 为学生准备妥当、包装精良 | 由学习者自己去发现、分析和处理 |
| 教学过程 | 学习是重复的过程 | 学习是交互式的，建构在学生已有的认知结构上 |
| 教学方法 | 教师向学生传递信息，学生是知识的接受者 | 教师与学生对话，帮助学生建构知识 |
| 教师角色 | 指示者、专家和权威 | 发问者、引导者、帮助者，促进者、协商者、谈判者 |
| 学生角色 | 学生主要是独立学习 | 学生与小组成员一起学 |
| 教师评价 | 通过测验、正确答案来评价学生，强调结果。评价主要采取定量分析的方法 | 既通过测验也通过学生的作品、试验报告和观点，过程和结果一样重要。评价采用定量与定性分析相结合的方法 |
| 知识状态 | 知识是静态的 | 知识是动态的，随着我们的经验而改变 |

综上所述，现代信息技术下，高校教育教学发展还存在一定的问题，需要借助信息化进行创新发展，以培养社会需要的优秀人才。

# 第三章　高校教育教学中的 MOOC 模式

MOOC 教学方式的出现为各国高校教学之间的互动交流提供了平台，缩小了国与国之间的距离，极大地推动了高等教育的国际化进程，充分实现教育合作共赢战略。同时，MOOC 也为全世界的人不用出国就能获得各国优质教育资源提供了窗口。从高校教育教学创新改革来看，加强高等教育与国际接轨是国家一直以来积极倡导的理念，因而结合 MOOC 教育教学模式是高校教育教学改革需要实现的目标之一。

## 第一节　MOOC 模式概述

### 一、MOOC 基础内容

#### （一）概念

随着信息技术、移动互联网技术的发展，在线教育（E－Learning）或称为远程教育出现在教育领域。2012 年，一种新型的在线教育模式 MOOC 进入了人们的视野中，如图 3-1 所示。

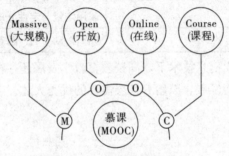

图 3-1　MOOC 的基本形式

### 1. MOOC

MOOC 是 Massive Open Online Course 的缩写，中文指的是"大规模在线开放课程"，也被简称为"慕课"，是近年出现的一种全新的在线课程教育模式。对于高校来说，MOOC 的出现既是一种机遇，又是一种挑战。对于高校的教师和管理者来说，正好可以利用慕课这种大规模、开放性的特点，依靠信息技术、移动互联网技术推进高等教育的变革，改进高校传统模式，建立中国特色教育模式，促进优质教育资源的共享。

### 2. cMOOC

cMOOC 是 Connectivist Massive Open Online Course 的缩写，也称基于关联主义的 MOOC。cMOOC 是一种课程，即 cMOOC 允许免费自由注册，通过社会化网络学习环境向参与者提供围绕某个主题的分布式开放教育资源和活动，允许参与者在领域专家指导下通过自组织学习方式参与课程资源建设与分享、建构个人学习与概念网络，形成个性化意义与观点的关联式课程。

### 3. xMOOC

xMOOC，也称基于行为主义的 MOOC，其中"x"源于麻省理工学院（MIT）2011 年 12 月宣布实施的在线开源学习项目 MITx 中的"x"，表示一种可扩展性。它是教学者将教学资源，以视频、音频、电子文本等多种形式，整合到学习管理系统上供学习者自主学习，并通过多种社交媒体参与讨论与分享资源的课程形式。

### 4. SPOC 与中国式 MOOC

SPOC（Small Private Online Course，小规模限制性在线课程）的概念最早被 FOX 提出。其中 Small 和 Private 是 Massive 和 Open 的相对概念。"Small"指学生规模较小。"Private"指对学生设置限制性准入条件，达到要求的申请者才能被纳入该课程。在此，认为 SPOC 与 MOOC 本质上是一致的，因而将 SPOC 作为 MOOC 的一个分支。

中国式 MOOC 是 SPOC 的一种实践形式，是一种基于混合式教学模式（MOOC＋翻转课堂）的教学实践。它将线上的虚拟空间与线下实体空间有机结合，能有效地将信息技术与高校教学进行深度融合。这是一种与纯在线学习的 MOOC 不同的教学实践，是结合中国高校的教学现状而创新的 MOOC 形式，因而称为中国式 MOOC。

## （二）分类

到目前为止，世界上 MOOC 的分类还未形成统一认识。这是由于其开放性和大规模的特点，其教学模式出现了很多种，带着不同意识便呈现出倾向不同的课程设计，所以关于统一的分类标准还需研讨。

不过，在国外有些专家学者对此进行了探讨和尝试，提出了 MOOC 分类的观点。如马克的分类标准是基于理论基础，将 MOOC 分为五类，即认识主义、讲授主义、建构主义、关联主义和社会建构主义。另外，由于 MOOC 包含网络、内容、任务，依据这三者的不同设计重点，把 MOOC 分为三类，即网络的 MOOC、任务的 MOOC、内容的 MOOC。基于网络的 MOOC 这一类型的特点是在对话、社交中建构知识，其理论基础是联通主义；基于课程的这一类型侧重于组织、内容动态生成，用传统方式评价较难；基于任务的 MOOC 这一类型的特点是在完成多种任务中获取技能，其理论基础是教授主义和建构主义，课程组织和评价方式与基于网络的 MOOC 相同；基于内容的 MOOC 这一类型的特点则是在社会传统授课方式中进行知识的获取，其理论基础是讲授主义和行为主义。

现在，还有一些人比较认可学习理论的分类标准，即关联主义学习理论和行为主义学习理论。不过，热门的项目还是在基于内容的 MOOC 中。

## （三）MOOC 的特征

与传统教育教学模式不同，采用不同教学模式的 MOOC 体现出大规模、开放性、自主性的特征。

### 1. 大规模

MOOC 的大规模体现在学习者规模和课程数量上。由于 MOOC 学习者的数量规模以千、万计算，而规模庞大的学习者在获取优质教育资源的同时，也使在线的互动得以更好的开展，促进不同文化的交流。世界各国高校积极提供 MOOC，短短几年时间，供课数已达到上千门，其数量在持续地增加。随着时间的推移，可供学习者选择的课程越来越多，涉及范围越来越广，有力地调动着学习者的积极性，满足学习者的不同需求。

## 2. 开放性

信息时代孕育出 MOOC，体现出其独有的开放性。

第一，学习者来自世界各地，信息来源、评价过程、学习环境都是开放的。不同地域、不同阶层、不同种族的学习者，只要是对课程感兴趣的，都能够参与到 MOOC 的学习中，体现了有教无类的育人理念。同时，学习者在获得教育资源的同时，也可以评价课程质量的优劣，促使教学者不断提高教学水平，优化课程质量。

第二，教学工具的开放性。学习者可以使用 Wiki、YouTube、Google、Facebook、QQ 以及微博等社交网媒工具，促进讨论、创建和分享视频及参与其他学习活动的开展，满足学习者的不同需求。

## 3. 自主性

在 MOOC 中，学习者拥有比传统课堂学习更大的学习自主性。在使用过程中，MOOC 对学习者几乎没有设置硬性的学习规定，学习者可以在较为充裕的时间、地点里，制订学习目标、学习计划，安排学习时间，掌握学习进度与交互的程度，并且对自己的学习承担责任。这种学习的自主性可让学习者摆脱传统课堂学习的限制，提高学习者的交互水平，体现出以学习者为中心的教学理念，有助于发挥学习者的主人翁精神，更好地开展学习活动。

## 二、MOOC 的产生背景

在线教育的发展伴随着多重因素，它作为传统教育的补充，与互联网技术的进步、社会教育的需要等因素密切相关。

### (一) 传统教育的补充

传统教育是在校园课堂里进行的面授教育，它是运用于学校、学院或者大环境中的正规课堂教学，围绕着教师、学生和课堂等特定的教学情境。传统的教学方式经过了几千年发展，但传统教学最初的设计不是应用于当代学校的。在以往传统的课堂教学中存在诸多的不足之处，历经几十年的发展，对于传统工业化和机械化的生产时代具有一定的合理性，但是存在诸多隐性问题，并且这些问题不能够依靠传统的思想和落后的技术予以解决，因此在那个时代也没有引起高度重视。

与传统教育不同，在线教育是依靠于网络这一事物发展起来的。当传统教育对于个体发展作用有限时，在线教育能发挥出自己独特的优势，克服传统教育的弊端，还能做到"足不出户，便知万事"。例如，在疫情期间，为确保停课不停教以及不停学，全国多个地方和学校开始发展在线教学，利用互联网平台，提供丰富的教育资源，指导学生学习，及时发挥了辅助作用，补充了传统教育的时空限制等各种缺陷。

（二）互联网技术的发展

近年来"互联网＋"的潮流遍布各大领域，"互联网＋"通俗地说就是"互联网＋各个传统行业"，但这并不仅仅是单纯的两者相加，而是通过先进的互联网技术和平台，让互联网和传统行业进行有效融合，从而滋生出更先进的发展态势，发挥互联网在当前资源配置过程中的有利作用，将互联网的创新成果融合于经济领域和社会领域，进一步提升创新力与生产力，形成以互联网为基础设施和实现工具的新型发展态势。

相比 20 世纪互联网刚刚兴起的时候，互联网信息技术的发展和大数据时代的到来，促使互联网和传统行业进行有效融合，在优势互补的前提下创造更多的发展机会，通过实现自身优势发展，对于教育行业进行优化升级，从而更迎合当前这一发展态势和时代背景，最终推动教育行业朝良性健康的方向发展。目前，在线教育也成为教育领域中一个热点话题。甚至可以说，在 5G 技术不断成熟、普及时，在线教育将会具有巨大的潜力与市场。

（三）社会的教育需求

"终身教育之父"保罗·朗格朗认为，当前社会所面临的压力与挑战居多，仅凭个人固有的思维模式和知识技能生存下去这一观念也即将成为过去，传统的教育不能够满足人日益增长的物质文化需求，因此教育必须是终身教育。

随着时代的快速发展，信息和知识更新得越来越快，要求人们不断学习和提升自己，来适应社会的需求，在线教育的出现为有教育需求的人提供了多样的受教育的渠道，在线教育以更加便利、地点时间不限定等优点为学习者提供了更多的学习机会。学习型社会倡导的是终身教育的终身实施，社会的教育需求会随着此战略目标不断地发展。

由此我们可以看出，MOOC 的兴起，是互联网时代下的必然，进一步完善开放的终身教育体系，从而构建不受时间空间限制的学习型社会，对后续社会的发展具有积极的意义。

## 三、MOOC 发展历程

2012 年始，MOOC 仿佛突然间走进了人们的视野，引起了教育研究者的注意，部分教师对于这突如其来的事物表现出不适与抗拒。然而，通过厘清 MOOC 的发展历程，可以发现 MOOC 的出现经过了长时间的酝酿，一步步走到人们眼前。它迎合了信息时代中人们对于获取知识的需要，是科学技术发展的必然结果。而高校作为知识的主要创造者与传播者，引领着这场教育变革。

### (一) 萌芽阶段

2001 年，美国麻省理工学院发起一个开放课件项目（Open Course Ware，OCW），成为开放教育资源的象征性标志。2008 年，国际开放课件联盟（OCWC）成立，全球共有 250 多所高校及科研机构参与。[①] 2001—2011 年间，MIT 公开发布了所有 33 个系别 2000 多门课程的材料，OCWC 也开放了超过 1.3 万门课程。"平等""开放""共享"的理念被广泛认同，而 MOOC 正是产生于这一大背景之中。2007 年，美国的戴维·威利教授在 Wiki 上发起了一门名为 "Intro to Open Education"（INST7150）的开放课程。各国学习者可以分享教学资源和参与教学的创新。2008 年 1 月，加拿大里贾纳大学的 Alec Couros 教授开设了了网络课程 Media and Open Education（EC&I 831），并邀请全球许多专家参与远程教学。这两个项目为 MOOC 的诞生奠定了思想基础和技术准备，可以说是 MOOC 的前身。[②]

### (二) 形成阶段

信息时代中，知识生产呈现出爆炸性增长与更新周期不断缩短的特点，而人们的认知能力却远远滞后于知识生产的新变化。为培养人们在信息时代中所需的数字技能，2005 年，加拿大曼尼托罗大学的乔治·西蒙斯教授提出了关联主义学习理论。2008 年，西蒙斯和斯蒂芬·唐斯以关联主义学习理论为理论指导，在曼尼托罗大学合作开设了一门大型开放课程"关联主义与连接性知识"（Connectivism and Connective Knowledge Online Course，CCK08）。课程

---

① 沈丽燕、赵爱军、董榕：《从精品课程到精品视频公开课的发展看中国开放教育新阶段》，《现代教育技术》，2012 年第 11 期，第 62 页。

② 李青、王涛：《MOOC：一种基于连通主义的巨型开放课程模式》，《中国远程教育》，2012 年第 3 期，第 30 页。

中，除 25 名曼尼托罗大学的在校学生外，还有来自全球各地的 2200 多名学习者在线学习该课程。同年，加拿大爱德华王子岛大学的戴夫·科米尔和国家通识教育技术应用研究院的布莱恩·亚历山大针 CCK08 的教学特点，初创了"MOOC"这一概念。他们认为，MOOC 是将社会化网络、某一领域的专家和网上可获得的资源整合起来，通过多种形式的社交媒体参与讨论、思考分享资源，课程是在参与者的交流中生成的。随后，一些学者开设了 Connect! Your PLN Lab（PLN）、Connectivism and Connective Knowledge（CCK09）、Mobile Learning（Mobi MOOC）、Digital Storytelling（DS106）、Learning and Knowledge Analytics（LAK11）等课程，对这种基于关联主义学习理论的 MOOC（cMOOC）进行探索研究。总之，在这一个阶段，MOOC 的概念逐渐形成并得到应用，但仅引起部分教育界研究者的注意，影响力十分有限。

### （三）快速发展阶段

2011 年秋，斯坦福大学的巴斯蒂安·特伦与彼得·诺维格合作开设的"人工智能导论"（Introduction to Artificial Intelligence，CS221）课程，吸引了来自 190 个国家的 16 万学习者注册学习。随后，特伦与大卫·史蒂文斯、迈克·索科尔斯基联合创办了在线课程供应平台 Udacity（在线大学）。同年 11 月，斯坦福大学达芙妮·科勒与吴恩达创办了 Coursera（课程时代）。12 月底，麻省理工学院启动实施了开源学习项目 MITx，并在此基础上与哈佛大学共同组建了 edX 平台。斯坦福的 Class2Go、英国的 Futurelearn、澳大利亚的 Open2Study 以及日本的 Schoo 等在线课程平台如雨后春笋般建立起来。欧盟的 11 个国家甚至发起"泛欧 MOOC 计划"，由欧洲远程教育大学联盟（EADTU）牵头，在欧洲委员会（European Commission）的支持下创建了 Open up Ed 平台，试图集全欧之力在 MOOC 市场与美国抗衡。① 在这一阶段，xMOOC 以其标准化、规模化与低成本的优势席卷全球，学者们也将注意力集中到 xMOOC 中。到 2014 年，世界范围内提供 xMOOC 课程的大学已经超过 400 所，共提供超过 2400 门课程，与 2013 年相比翻了一番，如图 3-2 所示。美国排名前 25 的大学中，有 22 所已开设免费 MOOC 课程。2013 年，MOOC 平台纷纷出现，超过一半的 xMOOC 课程来自 Coursera 平台，至 2014 年该比例下降到了 37%，如图 3-3 所示。2014 年，xMOOC 学习者总人数达

---

① 康叶钦：《在线教育的"后 MOOC 时代"SPOC 解析》，《清华大学教育研究》，2014 年第 1 期，第 85 页。

到 1600 万～1800 万人①，如表 3-1 所示。清华大学、北京大学、复旦大学、上海交通大学等中国高水平高校相继加入 edX、Coursea、Udacity 等国外 MOOC 平台。部分高校还自建了本土化 MOOC 平台如中国大学 MOOC、学堂在线、好大学在线 CNMOOC、Ewant 等。在这一发展阶段中，两种 MOOC 并存，但占主流地位的并非 cMOOC，而是一种结构化的课程体系和系统化的学习平台、多种交互工具相结合的基于行为主义的 MOOC（xMOOC）。总之，在这一阶段这种结构化程度高的 xMOOC 适应了网络大规模应用的要求，迎合了学习者对于优质教育资源的需求，因而得以蓬勃发展。

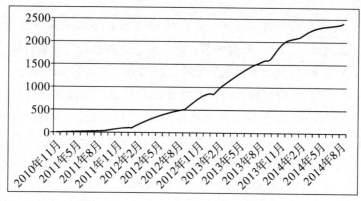

图 3-2　2010—2014 年 xMOOC 课程数量

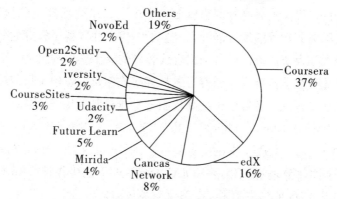

图 3-3　2014 年 xMOOC 平台供课占比

表 3-1　2014 年主要 xMOOC 平台注册学生数

| 主要 MOOC 平台 | 学生数量（百万） | 推课数量（门） |
| --- | --- | --- |
| Coursera | 10.5 | 886 |

---

① 刘道坚：《MOOC 教学模式研究——兼析我国当前的探索》，华南理工大学，2015 年，第 16 页。

| 主要 MOOC 平台 | 学生数量（百万） | 推课数量（门） |
|---|---|---|
| edX | 3 | 389 |
| Udacity | 1.5 | 59 |
| Mirida | 1 | 129 |
| FutureLearn | 0.8 | 113 |

### （四）多元发展阶段

经历了 2012 年爆炸式的发展，人们对 MOOC 的发展前景开始进行反思，这一时期主流观念从"高等教育的替代者"向"高等教育的有效补充"方向转变。同时，MOOC 呈现出多元化的发展。2013 年 2 月，Coursera 的 5 门课程进入了 ACE（美国高等教育学院）的学分推荐计划，修读学分可获大学的认可，从此 MOOC 进入了正规的高等教育体系。与此同时，我国出台《2011—2020 年教育信息化十年发展规划》《关于加强高等学校在线开放课程建设应用与管理的意见》等政策措施，推动信息技术与高等教育深度融合。2014 年 10月，我国的广东省计划实施学分制管理，利用校外 MOOC 平台、课程学习网站、微课等，创新信息化教学与学习方式。麻省理工学院、哈佛大学、加州大学伯克利分校，我国上海高校课程资源共享中心、东西部高校课程共享联盟、清华大学、深圳大学等陆续开展混合式教学的探索并取得了较好的效果。2015年 5 月清华大学宣布启动国内首个混合式教育的硕士学位项目——"数据科学与工程"专业硕士学位项目，以混合式教育模式创新专业硕士培养的实践，从学分认证到学位认证，开辟了国内高校服务专业教育的先河。各高校、机构与学者们还开始探索 Meta－MOOC（超 MOOC）、DLMOOC（Deep Learning MOOC）、MOOL（大众开放在线实验室）、MOOR（大众开放在线研究课）、PMOOC（个性化公播课）以及 DOCC（分布式开放协作课）等不同种类的MOOC。自此，MOOC 进入了一个多元化发展阶段。

## 四、MOOC 教育的信息化

基于现代信息技术所建设的 MOOC 教育，深刻地体现出信息化的特点。在对信息技术以及信息的使用上，MOOC 使人们窥到未来教育信息化的一隅，为教育的发展提供了一个可供选择的方向，也体现出人们对于信息化教育的深刻需要。MOOC 教育的信息化可以从内容和形式两方面进行了解，作为内容载体的形式以及通过形式展现的内容都充分体现出信息化的特点。

## （一）有意味的形式

在艺术之中，存在着"艺术是有意味的形式"的著名理论。而在教育艺术中，承载着内容的形式同样是内涵丰富，以恰当的形式展现出更好的内容。这种形式应当是教育教学中教学方法、教学工具、教学环境等组合。而在 MOOC 教育中，这种形式就是指教师和学习者共同使用着的 MOOC 教学/学习平台。简言之，MOOC 教育的平台是现代信息化技术创造出的成果。

MOOC 课程由教学视频、教学讨论、课后作业及教学评价这四个重要的版块组成，在这些版块之中，教师和学生管理、处理、交流着各种信息。前台信息终端提供了简便、易用的人机界面，比如学生通过计算机、手机、平板等工具进行学习等；而后台数据中心负责对前台信息终端提交的信息进行相应的处理，并将处理结果返回前台信息终端显示出来，学生可以获得有关自己学习的成绩等内容。这些看似简单且普遍的教与学的行为，蕴藏着信息技术的内涵。

### 1. 教学视频

从教学视频来看，这是学习者通过 MOOC 课程获取知识的重要渠道，其特点主要有以下几点。

（1）相对短小的授课视频。授课视频的时长为几分钟至十几分钟，一般不会超过二十分钟。相对于四十五分钟的课程，十几分钟的短小视频更能够吸引学习者的注意力，并使其注意力保持在授课视频上。简言之，相对短的时间，学习者更容易保持注意力的集中。

（2）便捷的个性学习工具。其一，能够调节视频播放快慢的倍速调节按键。可以将视频的播放速度进行调节，使视频加速播放或减速播放，Coursera 以及中国大学 MOOC 的倍速调节选择有 $0.75\times$、$1.0\times$、$1.25\times$、$1.75\times$、$2.0\times$几项不等，而学堂在线则有 $0.5\times$、$1.0\times$、$1.5\times$、$2.0\times$、$2.5\times$等倍速。借此，学习者可以自由掌握课程进度。例如，由于课程内容简单易懂、教师语速较慢等，学习者觉得课程进度太慢时，可以自己对视频播放倍速进行调节，使其加快播放；相反，如果由于课程内容复杂难懂、教师语速较快等，学习者难以跟上教师的授课速度时，可以减缓视频播放的速度。最重要的是，一周课程的进度完全掌握在了学习者自己的手中，学习者可以根据自身的情况安排自身的学习进度，能够更好地去学会和理解教师所讲的内容，对课程内容的吸收可以达到更好的程度。其二，视频进度条。如果课程内容难度较大或者学习者在哪一部分没有听清楚听懂，学习者可以拖动进度条，使其重新回到起点或者听不清听不懂的地方，重新进行学习。学习者可以反复听课来弄懂他不懂的问题。其三，音量调节按键。这是每一位学习者都能够听清楚教师讲解内容的保证。其四，字幕。三个平台的字幕格式略有不同，其中，Coursera 和中国大学 MOOC 的字幕都在下方。学堂在线略有不同，学堂在线有两个字幕，一个在视频下方，一个在视频右侧。下方字幕是当前的内容，右侧字幕则是该视频的全部内容。在视频暂停时，右侧字幕的进度条可以随意拉动，对视频内容进行一个简单的理解或纵览。字幕在视频中的作用是极大的。它对于学习者的学习也是一个很大的帮助。

（3）每人都要回答的课堂提问。在 MOOC 课程的授课视频中，在一个知识点的前或后，视频会暂停，出现教师提出的问题，学习者需要回答这个问题，然后继续学习。一般来讲，教师提问以选择题居多，也有少量的填空题，并且教师提问并不难，以知识的引导和巩固为主。学习者的回答次数并不受限，可以反复回答，课堂提问并不计入最终的考核。如果学习者不想回答，也可以选择 Skip 键跳过提问，继续学习。

通过对教学视频的工具分析可以看到教学视频具有科学性、先进性、高效性以及操作便捷性等一些基本特性。一是科学性——对教学视频这个教学工具的设置并非无凭无据，而是建立在科学基础和教学现实之上；二是先进性——所使用的工具设备（计算机、手机 APP 等）相对比较先进；三是高效性——通过便携工具和视频长度的自由把控等使学习者能够方便快速地进行学习；四是操作便捷性——教学视频的操作简单方便易懂易行。

### 2. 教学讨论

教学讨论在讨论区进行，教师和学习者可以就某一主题发布帖子，其余学习者或教师可以参与其中进行讨论。同时，教师可以依据讨论帖的内容对其进行分区，方便学习者参与讨论，学习者同样可以通过搜索框寻找自己想要参与讨论的内容。在中国大学 MOOC 平台，后台会依照学习者参与讨论次数的数目对学习者进行从多至少的排列，学习者也可以在自己的计算机终端看到参与讨论的次数和排名。

讨论区有其自身的优势和劣势。讨论区的优势在于：讨论区能够跨越时间和空间的界限，使每一位学习者参与到他所感兴趣的讨论中去。首先讨论区保存每一位学习者发表的内容，每一位学习者能够在此抒发自己的见解并被保留下来，即使并非此时此地的学习者也可以看到其他学习者的见解并和他进行交流；其次，MOOC 课堂讨论区一般来讲分区比较明确，能够方便学习者进行查找，学习者能够根据自己感兴趣的方向查找讨论帖并参与讨论。讨论区也同样有缺陷：师生交流、生生交流面对的均是自己面前的屏幕，交流的环境不佳、时效性差、互动感不强，而且讨论区的交流往往只能看到一排排的白底黑字，没有语调、表情、肢体动作等辅助信息，在讨论过程中存在"误解"的可能性更大。另外，在讨论区进行交流互动需要将信息进行输入，这固然可以帮助学习者整理自己的思路和语言表达，但是它远没有口头交流便利，也会使一些学习者"知难而退"。总而言之，MOOC 讨论区的互动交流情况整体不佳，互动水平较低，且极为不平衡。

3. 教学评价

从某种意义来讲，课后作业与教学评价其实就是一项工作的两个方面，课后作业需要进行评改，教学评价的对象也包括课后作业，因此对二者进行统一说明。学习者的课后作业主要分为两类：一类是客观题，另一类是主观题。学习者在个人的终端上进行作业的完成和提交，其中客观题的结果会马上反馈给学习者，主观题则需要学习者进行互评、自评。

MOOC 课堂中的评价包括以下部分：一是机评。这部分评价的主要是客观题，包括选择题和填空题，有着固定的答案。在学习者完成作业并提交后，直接由后台进行对错评判，并在第一时间将作业情况反馈给学习者。二是互评。这部分评价的主要内容是主观题，包括简答题、论述题等，这类题目没有固定答案，学习者进行主观论述，有理有据即可。这类作业的完成需要学习者在规定时间内完成作业并提交，提交时间截止后，作业提交系统关闭。互评系统开启，系统随机给每一位学习者发放数份需要评价的作业，学习者依据教师给出的评分依据进行评价并给出分数，同时学习者也可以对该份作业进行点评。需要注意的是，学习者需要在规定时间内对作业进行批改并提交。互评系统关闭后，所有分数均由后台统一进行统计计分并将作业及评价返还给各位学生。由于 MOOC 平台不同，学习者需要批改的作业数量会有所不同，但是无论哪个平台，每位学习者至少需要批改 5 份作业，以保证评分结果的公正性。

相比于传统评价，这种评价方式有着极大的优势。在信息技术的辅助下，教学评价变得多样化、简洁化、教学化。从机评来看，教师几乎可以从繁重而重复的工作中解放出来，在后台设置好正确答案，学生答题结束后可以直接获得评分和解析。而在此时，学生的注意力仍然维持在该内容上并未转移，学生可以迅速地根据即时反馈的机评结果进行查漏补缺。从学生互评来看，学生互评同样有着明显的优势。对于教师来讲，教师的教学压力有所减轻，即教师只需要给出评价标准和评价要点，作业的评价就可以由学生自己进行。如果教师担心学生的评价结果，可以进行抽检，但相比之前教师的工作量有所减少。更重要的一点是，学生互评同样是学生学习的过程。除了对他人作业的学习，学生还可以通过阅读其他人对自己作业的评价，了解自己作业的优点和弱项。这都可以体现出学生互评的教学功能。

综合而言，学生互评可以增强学习者学习的主体性。在作业批改过程中，每一位学习者不仅是被批改者，同样也是批改者，他们需要主动地检查他人掌握知识的水平，而不仅仅是一个被检阅者。基于批改作业的需要，学习者需要尽量掌握知识，并在批改的过程中重建知识，促进了学习者的学习。

## （二）有意趣的内容

在分析过形式之后，内容也需要加以探讨。MOOC 教育的内容即在MOOC 平台之上传播的教育资源。这些教育资源体现出内容广泛、系统化程度较高、质量上乘、获取方便以及相关资源丰富等特点。

（1）MOOC 教育的内容是极为广泛的。从平台的课程分布来看，Coursera 的在线课程有 1819 门，课程类型包括艺术、生命科学、商业和管理、化学、计算机、经济金融、教育学、食物和营养学、人类学、法律、数学、医学、音乐以及社会科学等。学堂在线的课程有近千门，包括生命科学、环境科学、化学、营养学、电气、计算机、社会科学、哲学、文学、体育、数据分析以及医学等诸多学科。

（2）MOOC 平台的内容系统化程度较高。互联网上的知识较大的特点是碎片化，知识呈碎片状零散地分布在网络的各个角落，需要学习者找到并将其串联起来。但是MOOC 教育并非如此，MOOC 的课程学习是系统化的，学习者的课堂学习是完整的学习。在教学中，教师需要发布教学公告、教学视频、讨论题目，布置作业、批改作业、进行考试以及下发证书；在学习中，它包括一个完整的学习所需要的教学内容的学习、作业的完成以及教学讨论；在教学内容上，教学内容是围绕某一教学主题进行讲授的。

学堂在线设置的版块内容——学位课同样体现出这一系统性特点。学习者可以在此对某一专业进行系统的学习。例如，学位课板块之下的"全国工程硕士专业学位研究生在线课程公共平台"是全国工程专业学位研究生教育指导委员全面推动工程硕士专业学位在线教育，与学堂在线结成在线教育合作伙伴，共同搭建的学习平台。平台提供教育指导委员会认定的工程硕士在线课程，面向全国工程硕士专业学位研究生乃至全球学生，采取公开发布、免费学习、有偿资质认证和学分认证的服务模式。相对于单一课程来讲，学位课程的系统化更强，学习者可以进行更加系统的学习，这也可以看成是 MOOC 教育未来发展的一个分支。

（3）MOOC 教育提供了较为丰富的相关资源。相关资源的提供主要通过两种途径进行：其一，学习者选择参加某课程之后，网站会推送相关的或类似的课程供学习者选择。例如在学习者选择"财务分析与决策"课程后，网站所推送的相关课程有"财务管理""商学导论：十节课带你走进商业世界""财务分析与估值"等财务类课程。其二，学习者参与课程学习时，教师会在授课过程中提供一些相关资源。总的来讲，教师提供资源按照内容大概可以分为两类：一类是课程主干知识。这是课程内容的主要结构、主要知识点。课程内容比较复杂时，课程主干知识将极为重要的主干内容抽取出来，供学习者学习，起到一个提纲挈领的作用。另一类是课程拓展和深化的知识。这是为有兴趣的、有余力的学习者准备的，主要是对课程内容的拓展和深化。在课程内容的基础之上，学习者自主地进行更为广泛深入的学习和探讨。

整体来看，MOOC 的优势特征包括以下几方面：一是操作简便、学习过程便捷；二是具有科学性、先进性、高效性以及操作便捷性的教学视频；三是便捷的个性学习工具；四是学习和讨论的跨时空特性；五是教学内容广泛，系统化程度较高，教学资源质量上乘、获取方便，教学相关资源丰富；六是讨论区分区明确、讨论便捷，存储性强；七是多样化、简洁化、教学化的评价；八是学习者主体性的增强。

MOOC 的劣势特征主要有以下几方面：一是行为主义理论基础所带来的教学思想，强调知识的掌握、固定的学习路径等；二是忽视学习者的交流互动；三是交流互动的环境不佳、时效性差、互动感弱；四是交流中缺乏辅助信息帮助；五是评价标准的参差不齐。

从其发展现状来看，MOOC 席卷全球，学习者众多，高质量的教育惠及全世界。但是从学习结果来看，MOOC 的完成率低下。根据美国宾夕法尼亚大学 2013 年的一份报告，对于他们在 Coursera 上开设的 16 门课程，只有 4% 的学习者最终获得了证书。综合其他统计数据来看，MOOC 课程的完成率在 7%～9% 之间。虽然 MOOC 学习者"辍学"的原因复杂，但完成率确实较低。如何开发、使用 MOOC，才能够使其从"喜忧参半"变成"皆大欢喜"，是一个需要不断思考和实践的大问题。

科学技术的发展极大地提高了知识传播的效率，掀起了开放教育资源运动，为 MOOC 的诞生奠定了思想基础和技术准备。关联主义者创立了cMOOC 教学模式，以培养人们在信息时代中所需的数字技能，适应知识生产的新变化。xMOOC 的出现，使 MOOC 风暴席卷全球，吸引了众多教育研究者的关注。

# 第二节　高校教育教学与 MOOC 模式的结合

## 一、MOOC 对高校教育教学的影响

### （一）对教学的影响

#### 1. 教学模式趋向多元化

传统课堂上的教学模式是由教师主导，在真实的教室环境中对学生进行授课，课程内容主要以理论讲授为主，学生一般是在课堂上接触到新的教学内容，存在"重理论轻实践、重知识轻技能"等现象。由于教师主讲，以"填鸭式"的教学方法为主，学生自主思考较少，不利于学生自学及反馈。

与传统教育相比，MOOC 更具有开放性。MOOC 的出现对高校的教学模式产生了重大影响，由此也促进了全新的教学模式——翻转课堂（Flipped Classroom）、小规模私有在线课程（Small Private Onlino Course，SPOC）和混合式教学模式（Blending Learning）等教学模式的发展。

（1）翻转课堂。

信息技术的不断发展影响着我国高校教育，以 MOOC 为抓手进一步推动互联网信息技术的发展与当前教育资源的融合，是国内高等教育改革的一个热门话题。受到 MOOC 的启发，我国在教育改革中提出了"翻转课堂"的教学新模式，也叫反转课堂。学生首次在课外学习新知识，随后到课堂上与教师进行问题和重难点的探讨，进一步实现知识内化，这种学生和老师间的角色对调对于地点具有明确的限制性，地点选择在家或在学校，其完成的方式也和传统教学有所不同，所以将其称为"翻转课堂"。

以 MOOC 平台为基础的翻转课堂模式和 MOOC 自身存在共性，基于教师通过网络技术录制好视频，让学生提前进行内容的预期，掌握基础知识，针对重难点问题进行课堂交流讨论，从而实现探究式学习，这也是贯彻落实新型教育观，确保学生的主体地位，从而提高学习能力和效率。

我国还有学者对翻转课堂进行进一步划分，如有学者在 MOOC 课堂的翻转教学模式中提出，基于 MOOC 资源的翻转课堂教学模式设计，分别是以下三种：MOOC 视频替代模式、"MOOC 视频＋自制视频"模式和二次开发模式。① 对比这三大模式自身所存在的优缺点，探讨后续的使用效果，从根本上来说这三种模式其本质是更好地促进教学质量，提高课程资源利用率，降低工作量和减少成本等。

翻转课堂是对以往传统课堂的弥补，充分尊重学生的主体地位，增强在学习过程中的自主性和创新意识，而且通过 MOOC 的有效连接，帮助师生进行及时的交流，激发学生的自主学习兴趣。换言之，基于 MOOC 的翻转课堂目前已经成为教育界的一个新方向。

（2）小规模私有在线课程。

MOOC 以其丰富的网络教学资源、提供免费的学习空间，通过自主学习的方式吸引了诸多学习者和教育者的参与，并在市场上得到了广泛的推广和应用，但在其不断发展的过程中，这一教学模式的不足也逐渐显现，如课程完成率低、无法实施分层教育等。因为 MOOC 教学模式的缺点逐渐显露，由此将 MOOC 资源和传统课堂相结合的 SPOC 教学模式应运而生。它是在 MOOC 教学模式的基础上进行的改革，既可以有效利用网络资源，又保留了传统课堂教学的优势，同时面对的人群规模更小，教育更有针对性和层次性，可以更好地提升教学质量。

小规模私有在线课程是一种结合了课堂教学与在线学习的混合教学模式。与 MOOC 相比，它更为精致，融合大规模开放课程的优点，同时也能弥补传统课堂所带来的不足。国际关系学院学者将 SPOC 教学模式进一步定义为：在多种理论指导下，运用高校网络平台和媒体设备等工具，在充分发挥教师的主导作用又充分尊重学生的主体地位的前提下，将小规模的、有限制性的互联网教学和线下的课堂教学有机结合，最终实现优化教学目标的一种教学模式。它的核心思想是"以学生为中心"，即根据学生的个体情况因材施教，将传统

---

① 曾明星、周清平、蔡国民：《基于 MOOC 的翻转课堂教学模式研究》，《中国电化教育》，2015年第 4 期，第 102 页。

教学模式中的教师课堂教授知识、学生课下练习，变成学生课前利用在线资源完成知识点的自主学习；课堂上通过讨论、任务协作及面对面交流互动等方式完成知识的内化。

这种小规模的课堂具有其特别的优势。闫丽认为，在 MOOC 这一资源共享发展模式之下，教学模式最显著的特点是推翻了以往传统无差异化的教学模式，希望能够在这一过程中真正实施因材施教，注重每个学习者个体自身的差异水平，提供有针对性的解决方案，实现教学方式的科学化及合理化。其次，对于目标的制定并非一成不变的，具有明显的层次性，基于教学条件和学生自身的条件来分设目标，最终提高完成率，强调将课程教学和传统教学进行有效结合，线上与线下实现资源互补。换句话说，将两种教学体系、教学方法和教学资源进行优势互补，可以达到最好的教学效果。[①]

与 MOOC 相比，SPOC 教学模式是 MOOC 和实体课堂相结合的产物，让教育者能够回归实体课程，在保证学生主体地位的同时汲取两大教学模式的优势点从而更具教学特色。

（3）混合式教学模式。

信息技术的发展使教学环境发生了显著变化，传统面授课堂已难以满足学习者个性化学习的需求。而 MOOC 是伴随互联网和信息技术发展而兴起的一种新型教学模式，将 MOOC 应用于高校教学，融合传统课堂与在线教育的优势，混合式教学模式应运而生，且其目前正在成为信息化教学的主流。

这种混合式教学模式是结合传统学习方式的优势和网络化学习的优势，从而可以充分发挥教师的主导作用与学生的主体性。陶海柱对 MOOC＋SPOC 混合教学模式进行了探讨，分析了 MOOC、SPOC、实体课堂三者对混合教学的支持方式，立足于学生更好获取知识，采取混合教学模式，将 MOOC 课程资源 SPOC 课程结构与实体课程进行深度的结合，使三者优势互补、协同发展。[②]

此外，MOOC 作为一种大规模开放型在线课程，具有课程资源丰富、学习自主等诸多优势，但也存在课程完成率低、缺少个性化辅导等缺点。而 SPOC 作为一种小型在线课程模式，有效地避免了 MOOC 自身所带来的各种问题，实现在线课堂与实体课堂之间的有效沟通、衔接与互动，将三大形式具体化并进行高效的结合，发挥三者的优势点，从而实现更好的协同配合，提高

---

① 闫丽：《基于 MOOC 资源共享下的 SPOC 教学模式应用研究》，《教育理论与实践》，2018 年第 15 期，第 51～52 页。

② 陶海柱：《MOOC＋SPOC 混合教学模式设计探讨》，《成人教育》，2018 年第 5 期，第 21 页。

最终的教学效率，在这一互动中促进教育者和受教育者的全面发展。高校混合式教学可以很好地融合两种或多种教学模式的优点，突出学生主体地位，培养学生的自主学习能力，可有效提高教学质量和提升学生的综合水平。

综上所述，高校 MOOC 教学模式的创新研究，对于大数据时代创新人才的培养具有不可替代的作用。探索 MOOC 新教学模式，有助于教师教学和帮助学生提升学习效率，使高校 MOOC 教学达到最佳效果。

### 2. 教学理念兼具延伸与颠覆

教学理念作为改革和发展的中心思想，是基于人们长期从事这一教学实践和教育观念的产物。

（1）高校教学理念的变化。

第一，打破知识藩篱，服务大众的教学理念。MOOC 变革了教育的社会属性，打破了学校和知识的围墙，打破了传统的教育封闭模式，为学习者敞开了全球最优质的教育资源大门，使知识不再仅仅服务于少数人，而是服务于想要学习的人。

第二，终身教育理念的转变与实行。以往的教育理念是出了校园学习就结束了，不用再学习或没有系统的学习机会。而 MOOC 凭借自身优势和网络技术，提供了丰富的网络课程和教学资源，无论学习者处于校内还是校外，只要有意愿和需求都可以持续学习，贯彻了终身学习理念，有利于想接受教育的学习者保持学习热情，高校也因此可以获得一定的社会影响力，提高自身的社会效益。不同时代的媒介形态将会重新塑造人类的思想方式和行为模式，作为一种新的教育传播模式，MOOC 重塑了高等教育理念。[①] 与此同时，也为更多的人打开了优质的教育资源大门，让每个成员都能够享受接受高等教育的权利，真正实现民主化和社会化。可以说，MOOC 的教育理念让想要学习的人接触到了以前高放在"象牙塔"里的知识，这些知识对于普通人不再是难以触碰的，赋予了更多人接受高等教育的权利，对于我国高校教育理念的革新有着极为深刻的影响。

（2）教师教学理念的转变。

赫尔巴特提出的三大中心（教师中心、教材中心和课堂中心）理念中教师属于主导地位，而且我国长久传统课堂中习惯实行以"教师为中心"的教学理

---

① 刘锦宏、朱嘉蕊、余思慧：《可持续发展：MOOC 的必由之路》，《科技与出版》，2014 年第 2 期，第 4 页。

念，所以在传统课堂中，教师的地位不容撼动，这也导致一些教育者有了权威者的心态，不思进取。

第一，教学的中心由教师变为学生。相较传统教学，在 MOOC 背景下，由于教学方式、教学资源获取方式、学习方式等产生的新的变化，教师对学生学习的主体性、主动性、参与性的关注都有了更高的要求，从教师中心向学生中心转变，从而颠覆了这一时代的教学理念，基于学生这一个体的实际情况出发，寻找更科学和备受学生认可的方式进行教育教学，研究判断实际学习情况，从而在课堂中提供更有针对性的指导。在 MOOC 牵引的这场教学方式变革过程中，教育理念面临着从"教师为中心"到"学生为中心"的转变。学生主体地位的确立预示着教师要围绕学生的需求进行服务内容的设计，包括材料的搜集、方式的选择都要切实以学生作为中心，具体活动的安排和这一过程的开展，应围绕学生的实际需求进行。

第二，教学的对象更加广泛。以往教师的教学对象大多都是坐在自己面前的学生，MOOC 的出现，教师对自己教育的对象有了更为广泛的认识，意识到所教的学生可能遍布全国甚至全球。简言之，MOOC 打破了地域时空的局限，使教育对象更加广泛，教师个人对于此种变化既要重视学生的地位也要考虑大众的教学需求。MOOC 平台中所体现的合作学习、针对式教育，将教育改革的潮流转变为以学生为主体，所以在这一过程中，教师必须认清学习活动过程中的主体地位，将传统的理念转向符合当前时代发展的以学生为中心。当代教师面临 MOOC 带来的一系列巨大影响，要适时更新以及调整自己的传统观念。

### 3. 教学资源的挑战与变革

要想了解 MOOC 对高校教学资源的挑战与变革，首先要知道什么是教学资源。教学资源指的是支持教学活动的所有资源，包括人力资源和非人力资源。其中，人力资源包括家长、教师、助教、学习小组、社会成员以及实践活动小组等。非人力资源主要指教学设施和各种各样的媒体，如黑板、挂图、实物、教材、投影仪、电视、电影、计算机、幻灯以及 DVD 等。从这个定义出发，应从人力资源和非人力资源两个方面分析 MOOC 的教学资源。在人力资源上，MOOC 主要是名校名师和几十名甚至上百名负责任的助教、热心的平台咨询专家等；在非人力资源上，MOOC 有优质的视音频、教学讲义、PPT 及人性化的教学平台和交流平台等。这些层面无不透露出教学资源的优质：教师是名师，设备是一流的，平台又做得很精细，可以实时记录学生的学习路径和学习习惯，以便于后期对教学内容和相关环节进行调整。这种种都让人感到"优质"无处不在。当然，这也主要来源于其教学团队及其合理的分工，将问题细化必然便于各个击破。教学也是如此，当将教学的各个环节都努力做到最好时，必然会提高教学质量。

在传统高校教学中，教学资源一般有教材、PPT 课件、粉笔、黑板、多媒体计算机以及普通任课教师，条件好的高校还会有视频录播系统，对整个课程进行录制，便于后期改进教学，如微格教室。对于教学内容的安排，传统的高校可能出现更新不及时和多年反复使用情况。由此可见，面对 MOOC，传统的教学资源无论是在量上还是本质上都相差千里。

当然，这也和高校的运行机制有关。因为高校的非人力资源大多来自国家有限的经费和拨款，所以对于硬件设备的添置与更新绝非易事。从人力资源来看，不少高校教师除教学工作外，还要做科研，难免力不从心。同时，高校教师彼此间的交流沟通也不够，而多与其他教师交流本身就是提升教学效果的一个过程。

面对 MOOC 优质的教育资源对高校教学的冲击，必须做出适当的变革，具体如下：第一，教师可以利用 MOOC 上的优质资源来辅助自己的教学。具体来说，可以让学生课下看 MOOC 上已有的相关课程视频、讲义等资源，课堂上与学生交流沟通，鼓励学生发言，适时给予评价和表达自己的看法，即进行一次简单的翻转教学。这样不仅可解决教学资源的质量问题，而且可节省教师的备课时间，增加师生的交流与互动。第二，高校可以组建一个教学团队，建设具有本校特色的 MOOC。这样做的优点是可以更有针对性地满足本校师生的需求，便于因材施教。因为不同的高校在学生层次上会有差异。不过采用这种方式需要耗费较多的财力，为此可以与其他高校合作，不仅可以解决资金问题，而且有利于高校之间教学资源的共享。

### 4. 教学评价主体多样化

MOOC 对高校传统教学的另一个挑战还体现在教学评价上。MOOC 特别注重评价环节，尤其表现在计算机不能简单地用对错进行判定的主观类题和人文社科类学科上。MOOC 采取的评价方式是多元的，最终的成绩一般包括平时作业、最终考试的成绩、讨论成绩、同伴互评成绩和教师对学生的评价等。在平时作业上，几乎每一个模块结束后都有作业，并且会写明作业的提交时间，有的模块布置的作业还包括讨论部分；在期末考试上，有的是一套需要在线做的卷子，有的是提交作品，如在清华大学开设的学堂在线里面的一门课程

——"文物精品与中国文化（上）"的最终作业是让学生以"我家的一件文物"为题做个 PPT；在讨论和同伴互评上，如爱课程网上的"中国大学MOOC"中有一门汪琼老师开设的"翻转课堂教学法"课程，每一讲后面都会有课程讨论，且占总成绩的 20%。此外，在平时作业中，还要求同伴进行互评，互评数最少为 9 个。当课程结束后，教师会给出每个同学的最终成绩，并颁发证书。

此外，MOOC 学习者数量较大，通过 MOOC 的在线学习平台可以获得大数据，如学生的登录时间、讨论区发表的内容和参与度、观看视频的时间、作业完成情况和考试成绩以及索引路径等。通过学习分析技术对这些大数据进行挖掘和处理，可以总结学习者的学习风格、学习态度以及在线学习行为，发现规律，找出教学及管理的不足之处，以便于后期改进教学，提出有针对性的决策，做出更适宜学习者的教学模块和流程。此外，通过这种量化方式，用数据说话，极大地增强了教学评价的科学性和说服力。

总之，MOOC 从根本上体现了教学评价主体的多元化和评价形式的多样化，这对于传统的高校教学来说是很难做到的。在此方面，传统高校教学需要做如下变革：其一，在教学时，可以增加学生互评的机会，并将其作为最终成绩的一部分。因为同学之间的了解和教师对学生的认识是有差别的，通过这种方式可以更加全面地对学生做出客观评价。其二，如果本校有条件开展MOOC 课程，可以让学生通过 MOOC 平台进行学习，然后教师通过学生的在线学习情况获得数据，通过采用数据分析技术对自己的教学情况和学生的学习情况进行评价，以增加评价的准确性，进而为下次更好的教学提供指导。

## 5. 促进教学管理模式转变

教学管理是现代学校管理的重要组成部分，也是高校管理活动的主线活动，高校教学管理的水平与质量直接影响学校教学能力的发挥。随着高校办学规模的扩大和专业教学内容的增加，教学活动变得尤为复杂，教学管理过程中的一些问题也逐渐暴露出来。在当前高校教学管理中，管理者要求教师及学生以新课程理念实施新课程却又以传统的管理模式来进行教学管理。这就会造成较多管理问题的出现，MOOC 模式的介入恰恰可以弥补长期以来高校教学管理及运行机制中出现的问题，对促进我国高等教育改革有着积极意义。

（1）传统教师管理模式转变。

高校教学管理一般采用自上而下的垂直管理，教师须服从教研组、学校的安排，严格的上下级关系造成了信息沟通不畅，一线教师在教学过程中发现的问题也很难得到反馈，造成教学效率低、适应能力差及思想僵化等问题。此外，过多的管理层次、过严的职责限制、过细的职能划分会限制教师的责任感和创造性的发挥，挫伤教师积极性。当引入 MOOC 教学模式后，一线教师在教学过程中遇到难题时，可以通过和授课团队中的其他教师互动交流或利用 MOOC 开放性特征向其他高校优秀教师团队寻求解决办法，同时一些好的教学经验、教学方法也可以在不同教师团队乃至不同高校之间得到传播。在 MOOC 课程设计完成后的审核过程中，教师同上级的沟通方式也由以往的单一信息沟通变为通过高校教研组对 MOOC 教学内容、教学方法等内容的审核，减少了不同层级间沟通往来次数，扩展了单次沟通过程中的内容性，提升沟通效率，更方便高校对教师的管理。

（2）改变"教"与"学"的关系。

传统课堂教学中，教师的主要任务和目标是对知识的讲授，因而教师重视"教"而在一定程度上忽视了学生"学"与"习"的过程。传统课堂教学重"教"轻"学"的问题主要在于：一是过分重视对现成知识原理的记忆而忽视学生获取与建构知识的过程；二是用向学生灌输知识的方式代替激发学生的主动参与；三是过分重视教学活动的严格与一致而忽视对学生创造能力和个性差异的养成；四是过分重视学生认识能力的培养而忽视学生自主学习、合作学习能力的养成；五是单一的教学评价模式，过分追求考试的选拔功能，缺少对学生综合素质的评价形式。

在教育教学过程中，知识的讲授与知识的学习对教育教学极为重要，但学生对所学知识的接收并内化过程也同样重要，即学生将所学知识进行建构与内化的"习"的过程。虽然教师"教"与学生"学"的过程可以进行监督与控制，但是学生自主地将所学知识与原有的旧知识体系相联系，构建新的知识体系的过程是我们无法跟踪与量化的，当教师讲授的知识无法被学生接收并转化，会造成"高投入—低效率"的资源浪费。同时，学生若不能将所学知识内化也会对考试的评价结果产生不良影响，甚至会使学生失去学习的信心和兴趣，形成恶性循环。而 MOOC 模式恰恰将"教"与"学"重新定位，改变了传统高校教师课堂领导者地位，MOOC 模式下的师生分离使学生"学"的作用凸显，学生可以通过暂停、重播等方式不限次数地学习某一项课程，直至学生将 MOOC 课程中所传达的知识接收内化，进而提升学生学习效率，减少授课过程中的资源浪费。

（二）对学生的影响

1. 内外作用影响使用意愿

在线教育模式作为当前颇具影响力的教学模式，拥有庞大的注册人群，但不得不承认仍旧存在诸多潜在的问题，例如用户的学习完成率相对较低和高辍学率问题。高校学生作为 MOOC 学习的主体，其使用意愿是很值得研究的，提升学习者保持率，促进学习者形成持续使用意愿，保障 MOOC 的可持续良性发展，对 MOOC 长期繁荣具有关键作用。

（1）内部影响意愿。

一般来说，学习者个人的内在动因是决定学习者学习效果的重要因素，这直接引导学习者个人的成就感与持续感等积极情绪的增长。

第一，MOOC 使用意愿影响学习者心理变化。张长海等基于解构计划行为理论，构建了地方高校大学生慕课接受度模型，对已使用慕课学习的部分地方高校的部分大学生进行了问卷调查，通过数据分析，发现态度对于地方高校大学生接受慕课意向影响最大，主观规范、知觉行为控制与地方高校大学生接受慕课意向均呈正相关关系。[1] MOOC 的使用与学习个体自身的心理层面具有一定的影响及联系，因而应促进学生对 MOOC 的接受从自发到自觉，强化学生 MOOC 指导学习。

第二，MOOC 使用意愿影响学习者情感。李占奎等应用扎根理论研究方法提炼影响 MOOC 学习者使用满意度相关概念及范畴，得出感知需求性、感知易用性、感知互动性、感知成本性四个主范畴，并发现这些范畴对 MOOC 学习者使用满意度存在显著影响。[2] 简单来说，推演到高校大部分学习者，基本上影响的情感也主要与需求、使用难易度、个人投入和互动这几个方面相关。

（2）外部影响意愿。

近几年，MOOC 快速发展，也不可避免地产生了一些问题，如参与度低、高辍学率等，如何从 MOOC 外部着手提升学习者学习动机已成为重要的研究课题。

---

① 张长海、焦建利：《地方高校大学生慕课接受度影响因素研究》，《中国电化教育》，2015 年第 6 期，第 64 页。

② 李占奎、刘艳春：《MOOC 学习者使用满意度评价研究——基于扎根理论和层次分析研究方法分析》，《东北农业大学学报（社会科学版）》，2018 年第 4 期，第 21 页。

第一，MOOC 与游戏化的有效结合影响学习者意愿。部分学者研究了游戏化对 MOOC 用户持续使用意愿的影响。游戏化的深层本质就是通过游戏元素和游戏规则的应用使学习过程变得更加有趣，从而提升 MOOC 学习体验。此方法也成为当前研究的一个新型课题，伴随着网络在线平台的发展，进一步提高学习者的参与性以及持续使用意愿为目的的游戏化手段被越来越多的人推广和应用。

第二，MOOC 自身系统的质量影响学习者意愿。邓李君等的实证研究表明，信息系统质量、服务质量、便利条件及社会因素均不同程度地对用户的感知有用性和感知易用性形成正向影响，从而影响其使用意愿。[①] 因外部条件复杂多变，外部的因素有着多元化的特征且不稳定，对意愿的影响更是难测。

## 2. 成果认证更加多样化

当前 MOOC 学习成果认证形式大概分为非学分制和学分制。前者涉及课程证书认证、项目证书认证以及学习者自我认证，但由于其追根溯源并没有涉及大学内部的学分制，所以备受争议。而学分认证基于受到学分管理等各项因素的影响，发展也存在一定的障碍。有些学者认为非学分认证是面向全体学习者开放的，完全可以通过学习考核取得相关的证书认证。

（1）非学分认证。

第一，课程证书认证。目前，大部分 MOOC 平台采用自颁证书的认证机制，当学习者完成某门 MOOC 课程的学习后，可以得到特制的纸质证书或电子证书。该证书会带有完成该门 MOOC 的学习证明、课程各部分分数或划分等级，部分还会列出课程大纲，甚至有的证书上还会有教师签名和平台 Logo 等标注。这是 MOOC 一项突出特色，充分体现了对学生自身绩效的认可程度，与此同时激发学生学习动力，提高学习兴趣。这种课程证书认证还具有多重意义。其一，对于学习者来说，MOOC 平台对完成学业的学生颁发课程认证证书，能激发学生的学习动机和自主学习热情；其二，对于教师来说，有了更加清晰明确的教学目的和大纲，教师在授予证书的同时也有更多的教学成就感；其三，对于用人单位和企业来说，这是能力与学习成果的实质证明，以鉴别个人的能力。基于当前 MOOC 认证的权威性和影响范围具有一定的局限性，更多情况下会将其视为一种学习记录以及对学习者的心理回报。

---

① 邓李君、杨文建：《大学生慕课（MOOC）使用意愿影响因素与图书馆应对策略》，《图书馆论坛》，2016 年第 8 期，第 119 页。

第二，自我认证。自我认证是指学习者自我进行评价和认证。它包括两种情况：MOOC 不提供学习后的成果认证以及学习者有自我学习目的。一些 cMOOC 主张学习者根据自己的学习预期对学习收获进行自我评判，而不是为了获得分数或者来自其他地方的评价。通常来说，自我认证学习成果都是学习过程中完成的作业、记录等。实际上，绝大多数 MOOC 学习者都没能完成全部学习，因此自我认证是十分普遍的一种方式。

第三，项目证书认证。可以将其视为微型文凭或微学位，它和课程证书在很大意义上来讲具有一定的相同性。项目证书具有教育和社会价值，能够用以维持学生的学习动机，评价学习者最终的结果以及科学各项能力和技能水平。微学位项目是 MOOC 微专业课程或系列课程的一个具体类别，主要是由 4～6 门相互有联系的 MOOC 组成，预估完成期限在 6 个月左右。与单门的独立课程相比，微学位项目能够让学生更加系统地学习某一领域的知识，学生在完成学习并通过项目测试后，可以申请对应高校的正式学位项目并进行学分转换。学位比学分更能够彰显个人的能力，因而项目证书相对而言比课程证书的价值含量更高，还强调说明了学习者自身经过教育和学术的训练，也是社会进行人力资本筛选的一种重要工具。项目证书也同样可以被作为社会证明个人能力与资质的一种客观信息。

第四，微专业认证。微专业认证也称为专项课程，是在单门课程认证的基础上由 MOOC 平台开展系列课程组成的项目。当学完一个微专业课程，学习者对该专业方向有了较全面的认识，具备相应的技能，就能获得平台颁发的专业证书，满足学习者提升工作技能的需求。

总之，对于学习者而言，即使是非学分认证，其学习后的成果认证对于他们来说也至关重要。

（2）学分认证。

当前学分认证是针对高校学生，以地域高校联盟的形式所推出的。MOOC 创造了接受优质高等教育的机会，但随着学习者数量的不断增多，怎样能够为学习者提供能被社会或学校认可的学分这一问题成为 MOOC 未来发展急需解决的关键问题。

第一，学分认证模式。一般将 MOOC 学分认证模式分为以下四种：先前学习评定、学分直接认可、内容许可、互惠式学分互认。樊文强在收集相关资料和案例的基础上，将 MOOC 学分认证归结为如下几种模式：一是中介组织推荐模式。虽然中介组织只有学分建议权，是否给完成 MOOC 的学习者授以学分仍由大学自己决定，但中介机构的推荐无疑是对 MOOC 学习成果学分认证的一个有益推动。二是先前学习评价模式。对 MOOC 进行先前学习评定时,并不是只要有完课证书就可以,大学通常还需要进行一定形式的考核。三是"挑战考试"模式。一些大学允许学生通过参加挑战考试来证明自己已掌握了相应课程的知识,从而可以免修该课程并直接获得学分。与学生参加校外考试不同,挑战考试由大学自己组织。四是监考考试模式。学生要想获得学分,必须完成带监考考试的 MOOC。五是混合教学模式。这种方式不仅可有效利用 MOOC 教学资源,也可确保学生在线学习的真实发生。这种模式在教师个体层面也可开展,即依托 MOOC 开展混合式教学或翻转课堂教学,学生自然能够获得本校学分。六是本校学生学习模式。在增加现场考试或面对面交互的基础上,本校学生更有机会通过 MOOC 学习并获得本校学分。七是"诱饵"模式。该计划让学习者有机会免费学习一门 MOOC,然后以学分为"诱饵"吸引学习者注册学习完整的网络教育项目。以上学分认证模式旨在将学习者在入学前或就读中的 MOOC 学习结果认定为相应学分,以满足大学某专业或项目的学分要求。[①]

第二,学分认定形式。还有学者提出当前我国 MOOC 学分认定主要有以下几种形式:一是大学主导的校内学分认定。这种学分是学校给本校学生的学分。二是高校联盟建立的校际学分互认。三是教育行政部门协调的区域高校学分互认。四是开放大学运营的学分银行。可以看出,学分的授予主要还是来自学校或是第三方。[②]

学分认证被认为是一种最理想的模式,但其应用目前还存在很大的困难,仍然处于发展的初级阶段。但无论将来的开放程度如何,只有对最终的结果给予认定才能够形成完整的生态链。此外,也有学者提出,只有当基于 MOOC 的学习得到一定的认证同时被授予学分时,才能逐步走向正规教育的道路。所以说,想要发展长远,MOOC 成果认证还有很长的路要走。

### (三)对教师发展的影响

MOOC 的出现和推广,极大地影响和改变了教师,对教师未来发展提出了更多要求。以下对 MOOC 环境下教师角色一些新的变化以及对 MOOC 时代教师的应然素质进行了分析论述。

---

① 樊文强:《MOOC 学习成果认证及对高等教育变革路径的影响》,《现代远程教育研究》,2015年第 3 期,第 55~56 页。

② 殷丙山、郑勤华、陈丽:《中国 MOOCs 证书授予及学分认定调查研究》,《开放教育研究》,2016 年第 2 期,第 33~34 页。

1. 教师角色面临多种挑战

（1）传统角色的转变。

在我国传统教学情境之中，教师已习惯于"传道授业解惑者"这个固定身份，形成了固定认知的进行教育活动，并且教师在整个课堂中起着主导作用，是知识的源泉和权威，在授课过程中，也是直接面对学生进行授课。在MOOC模式下，教师角色发生了改变。

第一，新的身份——从教师到"主播"。MOOC的出现，教师面临着从教学者到一个"主播"的角色转变，在此过程中会遭遇多种前所未有的困难。首先，MOOC都是片段式的短小精悍的视频，录制课程面对的是毫无感情和互动的镜头，以往都是面对一个个鲜活的学生，教师可能很难去调动自己的教学激情。其次，没有师生互动和教学氛围感，教师的课堂表现力可能会降低，这对教师来说是个很大的挑战。

第二，面临着传统角色的削弱。首先，权威身份地位的变化。高校教师在传统教学过程中被定位为学习的传播者和输出者，更多的是作为知识的载体，具有不可撼动的权威地位。但在当前时代背景下，尤其是进入MOOC时代，教学方式逐步呈现出多样化，借助于电子网络和高新技术，为学习者提供了更广泛的获取知识的途径，很大程度上也削弱了教师的权威地位。教师的作用并非单纯的传播，而是在学习后为学生答疑解惑。其次，高校教师在以往以一个传道者的角色出现，作为学习道路上的领路人，更是学生人生路上的道德模范。但在当前时代背景之下，其重要的传道授业作用也不断减弱，两者关系逐步走向平等。所以，MOOC给教师传统角色带来了很大挑战。

（2）多元身份的转化。

身份的多元性体现在两个方面：一是从教师作为个体主观角度来看，个体自身具有了角色的多元性；二是教师的教学活动不再是个人活动，而是团队活动，即教师在活动中拥有着其他多元身份。

第一，个体角色的多元性。具体来说，角色的多元性表现在：教师在传统的教学情境中，当课堂活动结束后，因课堂没有再现的机会，故不会再重新观察和评价自己的教学效果进而加以改进。如今，在MOOC教学情境下，教师有机会多次或反复重新审阅自己的教学视频，跳出了原有身份的现实制约以学生或者观众的身份去观看去思考，从客观去审视自己、审视自己的教学。同时在MOOC中，教师扮演了生产者、学科专家、监管者和研究者等多种不同的角色，面临着从教学者到教学统筹设计者的转变。例如，在某项访谈调查中，超过半数的受访教师描述自己在 MOOC 教学中所扮演的角色时，不约而同地用到了"设计者""生产者""策划者"等词语，同时也有不少教师认为教师在 MOOC 中扮演了"引导者""服务者"的角色。甚至更为有趣的是，有一名受访者将自己开设的 MOOC 比喻为一艘"船"，而他自己则是这艘船的"船长"。[①] 这种角色的多元是教师对自我身份的认同的价值分离。

第二，个体活动的多元性。团队活动表现在：以前的教学活动是教师一个人的"单打独斗"，即在传统课堂中教师占有主导地位，处于主导教学的位置。但在 MOOC 模式下，教学活动不是由一个教师决定的，是由一个团体决定的，教师从之前的传道授业解惑者转变为组织者和协调者，这与传统教学模式形成了鲜明的反差。另外，在 MOOC 课程的建设筹备过程中，需要准备大量的课程资源，课程的录制需要摄像、视频编辑等专业技术团队，通过相互协调和配合来完成整个流程。这时候的教师更多的是协调者等角色。

## 2. 教师个人综合素养得到多方位提升

明确教学目标，以学生的实际需求作为着手点，了解教学内容和教学方式以及如何促进学生全面发展，也是对当前教师综合素养提升所提出的具体要求。

（1）专业知识素养的更新与提升。

苏霍姆林斯基曾经提道，教师的知识面与学生相比具有足够的优势，才能够成为精工巧匠。对教师而言，要在了解基础的学科内容的基础之上，构建完善的知识体系，同时还要了解更广泛的学科学术动态和最新的观点，掌握时代前沿的信息，与时俱进，才能当好学科的领路人这一角色。

第一，专业知识与未来科学学术动态的掌握。传统教学情境下，教师最重要的是要具备扎实的专业知识，教师教书育人，掌握专业的知识是基础和前提。在 MOOC 影响下，教师不仅要了解自己所教学科的基础知识，还要关注学科发展动态前沿和未来发展的态势。一个要不断发展的教师只具有本学科知识是不够的，这个部分属于教师教的内容即"教什么"，要传授内容继而涉及第二步"怎么教"。为了更好地传授知识，教师还需要具备教育理论知识，掌握在 MOOC 时代下的新的教学方法相关知识。

第二，学习 MOOC 名师经验，提升自我知识素养。观摩名师 MOOC，学

---

① 孙先洪、张茜、韩登亮：《慕课中的教师角色研究》，《现代教育技术》，2018 年第 11 期，第 102 页。

习好的经验内容，能够把丰富的经验和知识内化于己，成为自己课堂中的内容，也是从另一个角度对教师自己专业知识的提升。然而，很多教师习惯以自己固有的知识进行教学，缺少前沿内容。

（2）信息化素养提升。

在这一时代背景之下，教师要想更好地胜任这一角色，在原本掌握学科基础知识的同时，要完善自身的科学素养，提升互联网新时代背景下的技术素养。

MOOC 是依托于网络和硬件设备来进行的，教师在这种教学情境下，必须具备一定的信息素养。信息素养是一种培养具有信息意识和信息处理能力的素养，涉及运用信息工具的能力、应用信息的能力、创造信息的能力等。

第一，积极主动成为信息化时代的"移民"。MOOC 这一平台的推广无形中给教师更大的压力，其对教师教育信息素养的提升有了进一步的要求。当前互联网信息已经在各个领域都有所涉及，尤其是学生从幼儿时期就接触海量信息和资源，具备好奇心强、敢于尝试、乐于接受信息等先天优势。在 MOOC 的影响下，教师从根本上来讲比学生更需要提升自身素养，只有具备这一先天条件，才可以深度分析和审视他人的想法，获取更全面的观点，从而成为数字时代的教育智者。

第二，勇于突破原有认知框架，掌握信息时代新知识。在 MOOC 影响下，教师信息技术的掌控更需突破原有的知识结构。在信息化时代掌握录视频、剪视频、控制学习平台的相关技能，有利于教师更好地分析学生的学习状态，并且批改课后作业。同时由于教学对象主要是在电脑、智能手机等电子设备上进行网络学习的学生，教学场所由传统的教室变成互联网中虚拟的网络空间，师生间的沟通交流通过网络进行。因此，高校教师如果不懂得使用科技和移动终端设备，就无法在 MOOC 时代生存发展。

值得一提的是，美国大学与研究图书馆协会对信息素养进行了重新定义，他们提出：信息素养也涉及数据素养、媒体素养和视觉素养等这些专业技能，其内涵倾向于素质论，强调个体对多资源、多载体、多领域获取知识的能力体现。

在技术不断更新以及知识传播媒体不断更迭的时代背景下，信息素养的内涵也将变得更加多元化，那么对教师也会提出更多的要求。

## 二、高校参与 MOOC 教学模式的动因

各国高校（特别是世界一流高校）在推动 MOOC 发展中，扮演着十分重要的角色。许多高校热衷于建设与推广 MOOC 有着不同的原因。

### （一）共享优质教育资源，促进教育公平

国际上，欧美发达国家掌握着大量的优质教育资源，广大发展中国家的教育资源则十分稀缺，国际发展日趋不平衡。在国内，教育资源的地域分布不平衡。随着开放教育资源运动影响力的不断扩大，人们对于优质教育资源的需求在持续增强。高校作为知识的主要创造者和传播者，有肩负服务社会的义务，应促进教育的公平，彰显大学的社会责任感。

### （二）扩展生源，建立校园品牌

高校通过发展 MOOC，建立本校的品牌，以吸引教师和生源，并增加与投资者、其他高校和校友的合作机会，孕育出 MOOC 的世界一流大学，凭借其先发优势，主导了 MOOC 的发展。另外，这不但开辟与占领了非正规高等教育市场的高地，还大大提高了自身的影响力。少数高校与运营机构相结合的MOOC 联盟，以在线的方式提供课程，加上 MOOC 学分日渐被高校承认，这势必挤压传统高校的领地。总之，高校融合 MOOC 教育既可提升主讲教师在社会上的影响力，又可提升学校在国内甚至在国外的影响力，提升学校教育质量和品牌。以这种方式重新分配高等教育的力量，势必造成马太效应，教学水平低的高校甚至会有被淘汰的可能。此外，为接受更多优质教育，越来越多学生选择出国留学。基于此，我国部分高水平高校迅速地做出了应对措施，纷纷加入 MOOC 的建设，以提升自身影响力，争取在洗牌的过程中拥有主动权。综合而言，扩展生源，建立校园品牌是高校建设和推广 MOOC 的直接动因。

### （三）降低教育成本

由于我国高校大部分经费来源靠财政性教育经费的投入。财政资源投入不足与教育成本不断攀升，影响了教育的质量，制约了高等教育的健康发展。通过建设 MOOC，发挥其大规模与低成本的优势，减少教师重复性工作，节约办学成本。总之，降低高等教育成本是发展 MOOC 的重要原因。

（四）改革教学模式

在课堂教学中，以"粉笔＋黑板"为表征的"灌输式"的教学仍处于主导地位，教育技术起辅助的作用。通过建设 MOOC，推动信息技术与高校教学进行深度融合，改革课堂教学模式，构建以学生为中心的课堂教学，提高教学质量，深化教育教学改革，成了高校迫切的需求。此外，可通过开设 MOOC，采集学习者的学习数据，对学习者的行为和表现进行深度的分析研究，以改革课堂教学模式，创新人才培养模式，提高教学和人才培养质量。

## 三、MOOC 与高校教育的结合模式

长期以来，我国高校传统课堂教学一直备受教学资源不均衡、教育机制不完善、教学方法陈旧等问题的困扰，MOOC 的产生与应用为我国高校教育教学改革指明了新的出路，即通过高校教育与 MOOC 的有机融合，将 MOOC 的虚拟课堂搬到现实中来，充分发挥 MOOC 开放性特征，将世界一流高校的优质教学资纳入高校教育教学储备当中，缓解高校教育资源单一的不利影响；通过"线上（MOOC）＋线下（传统课堂教育、课后实践）"的方式拓宽高校学生主体知识获取渠道，提升高校课堂教学效率，促进我国高校教育教学质量进步。这种线上与线下共同作用的融合，不仅利于传统课堂教学改进教学方法、提升教育主体积极性，而且能够弥补 MOOC 因时空分离而造成的线上学习质量难以保证的缺陷。通过 MOOC 与高校教育传统课堂教育的有机融合，能够促使我国高校教育与 MOOC 取长补短、相互完善，实现双方相互促进，良性发展。

（一）MOOC 与高校教育教学的结合方式

MOOC 同我国高校教育的结合，既不是简单地将 MOOC 作为一种具有富媒体性的教学手段加入高校教育教学中，也不是将 MOOC 作为一种教学技术辅助传统课堂教学。MOOC 与高校教育相结合的新型教育模式（以下称"结合模式"）是两种教学模式在时间、场景、媒介及资源等方面的有机结合，即将 MOOC 模式中信息技术运用方式、教学组织模式、教学资源建设与分享、多种教学方法应用、教学反馈、质量监督机制等环节同传统高校课堂教学相结合。这种"结合模式"的产生不是将二者独具的本质属性进行粗暴替换，而是试图将 MOOC 的设计理念与教学思想融入传统高校教育中，在高校教育基础

上发挥 MOOC 所具有的独特优势。从时间维度上讲，在传统高校教育基础上 MOOC 教学思想可以贯穿从教学内容设计到教学质量评价的整个教学过程始终。从学习媒介角度上讲，MOOC 教学与课堂教学分别适用于不同内容的课程。但是如何分配二者的教学时长以及如何有效地分配教学内容才能确保 MOOC 能够有效地配合课堂教学，还需要深入研究与探讨。

现阶段，高校教育依然沿用班组授课，如何保证高校学生在有限的时间里掌握所学的知识、如何确保学生在课堂上有效利用 MOOC 将成为"结合模式"需要解决的重要问题。一般来说，教育需要传递得到的知识类型分为三类：事实（Fact）、概念（Concept）、技巧（Skill）。在"结合模式"下，我们将可以单向度传递的"事实"与可以通过反复举例激发学习者自行感知的"概念"以 MOOC 的方式展示给学生，使学生能有效利用 MOOC 的"翻转"模式先一步进行知识建构，再通过课堂教学由教师带领学生通过反复体验、训练的方式使学生掌握相关"技巧"，最终促进学生对于知识的内化。由此看来"结合模式"本质就是将高校教育教学中可以标准化、批量化、数字化的部分剥离出来，利用低成本、可个性化的 MOOC 模式辅助课堂教学，从而减轻传统教学过程对于高校、教师及学生的重压。

## （二）结合模式下的教育反馈

MOOC 与高校教育结合的新型教学模式，将使高校教育教学同时具备传统课堂教学实操性、规范性与 MOOC 富媒体性、开放性、生动性及便捷性等特征。在 MOOC 教学与 MOOC 学习过程中，教师与学习者的沟通与交流是必不可少的，MOOC 无论在课程设计还是在教学过程中都极为重视学生的反馈与师生的交互。MOOC 与高校教育的结合将在开放式交互及教学反馈方面做出积极尝试，这种"结合模式"试图将教育反馈的作用摆在重要的位置，具体是通过学生与教师的交流，可以将学生在整个学习过程中遇到的问题与见解反馈给教师，形成反馈作用。这种基于不同学习流程的反馈，不仅作用于教师教学阶段，同时还作用于课程设计及教学评估等阶段。

学习者通过向教师进行信息反馈，将其在学习过程中遇到的理解难点及其总结的学习经验见解等相关信息传递给教师，使得教师可以借此了解自身教学方法应用的效果，进而检视自身教学的效率与效果，有效的学生反馈可以帮助授课教师深化教学内容、改进教学方法、调整讲授节奏；学生对在教材学习过程中发现的相关问题的反馈还可以为课程设计教师改进课程结构、丰富课程内容、纠正偏差提供全新的视角，课程设计教师可以通过收集不同层次学生对于教学内容的反馈，发现学生在教材学习过程中难以掌握或容易忽视的内容，了解学生在教材学习过程中出现认识偏差的内容，站在学生的角度上重新认识并优化课程设计，从而在发展独具个性的校园文化的基础上满足高校对优质教学资源的需求；通过学生对课后作业完成情况或相关测试情况信息的反馈，不仅有助于教师及时了解学生学习情况，还可以帮助教师从多方面对教学质量进行评估，通过将学生参与评估的情况（课后作业完成情况及测验成绩）与学生参与评估后的信息反馈相结合，从而有针对性地进行相应解答与辅导，满足学生的学习需求。

MOOC 与高校教育相结合的模式来源于传统课堂教学和 MOOC，但又与两者完全不同。这种结合改变了传统课堂教学过程与教育反馈在时间上无法同步的本质特征，试图通过将教育反馈细化并分散于课程教学的各个阶段使教师与学生间互动可以贯穿整个教学过程，无论是课程设计过程中的调查、课程试讲、课前大纲解读，还是课程中的随机测试、实验、课后作业、章节测试、阶段性模拟实践，都将教育反馈放到了重要位置。可以说，在"结合模式"中，学习者的反馈情况与 MOOC 的学习反馈做法极为相似，但脱胎于 MOOC 模式的"结合模式"可以弥补 MOOC 模式中教育反馈缺乏实践性、情感性与约束力的不足，使得"结合模式"下的教育反馈可以同时拥有 MOOC 和传统课堂教育的优势。综合而言，合理而有效的教学反馈不仅能够帮助学生更好地进行学习，满足学生自身个性发展需求，还可以帮助教师改进教学方法，提升教学能力。另外，在学生对教师进行教育反馈的过程中，教师与学生之间的关系也会随着教育反馈的不断进行而得到巩固，利于高校教师群体同高校学生群体和谐师生关系的构建。在"结合模式"下，教育反馈的作用已显得极为重要。

（三）结合模式下的教学主体

1. 教师专业化素养

MOOC 因其师生分离的本质属性，使得授课教师需要同包括课程设计教师、教学助理教师在内的教师团队共同完成课程环境和教学过程设计，并在学习者注册、选择课程之后为学习者提供一定程度的学习支持服务。MOOC 的开展不仅需要具有一定教学经验的授课教师，同时还需要教学团队其他教师参与课程组织、管理和监督等多方面工作。强大的教师团队支撑对于 MOOC 是极为重要的，因为不同学习能力、不同受教育背景的学习者在课程学习过程中必然会产生学习者理解程度不一、学习进度不统一等问题，这就对授课教师的教学节奏及教学掌控能力提出一定要求。同样的，在传统高校课堂，一般情况下一门具体课程一般由一位教师独立承担教学和组织工作，但随着近年来高校扩招的进行，使得教师需要在课程筹备与课堂教学上付出的精力与压力持续增加。

随着 MOOC 与高校教育的"结合模式"的运用，高校教师可以通过团队合作，将教学过程与教学设计、管理、评估等过程分开，通过建立专门的课程团队，分工合作，由专人负责课程内容的选取、课程活动的组织、课程教学的管理等工作。在"结合模式"下，教师的专业职能将发生巨大改变：首先，从整个教学流程上看，教学主体由单个"教师"变为"教师团体"。这里的"团队"突破了地域限制，不同文化背景、不同语言环境下的教师都能够从团队中的其他教师身上找到新的灵感。在传统模式下，高校教师需要研究教学大纲、设计教案、授课、同学生进行互动反馈、设置测验作业及对学生的作业与测验进行批改。在"结合模式"下，教学设计、学生管理、质量评估及学生服务等不同环节可以独立起来，交由专门的团队负责，通过将除了设计与授课的其他环节"外包"的方式可以大大减少教师的工作量，使教师从繁杂的学生管理工作中解脱出来，投入更多的时间和精力到教育教学活动中。其次，从教学设计与讲授环节上看，在"结合模式"下，整个教学设计与讲授任务将由庞大的教师团队承担，而团队中的单个教师将承担不同模块的设计与主讲工作，将教师教学内容细化，提升教师专业素养与教学能力。建立专业的教师团队细化教师教学模块，受益的不仅仅是教师，学生也可以针对不同阶段出现的不同问题向负责特定阶段的教师进行提问，既可以拓宽教育反馈的渠道还能够帮助学生及时获得教师的相关反馈，进而提高师生沟通效率。

除此之外，"结合模式"的开展还改变了传统高校教师的角色。互联网技术的广泛应用使得人们获取知识的方式变得更加便利，同时高校学生也已经习惯了利用互联网络搜索并获取自己所需要的知识与信息，教师已经不再是学生获取知识的唯一途径，学生依照自身个性发展需求而独立寻求知识获取已经成为一种不可逆的潮流，高校教师应当顺应这种潮流，无论是课程设计教师还是课堂主讲教师都应重视学生主体地位，从学生个性需求出发设计整个教学流程，从以往教师依据既定教学大纲通过讲授的方式将教学内容传授给学生的传统模式向培养学生自主学习并给予一定的支持与辅助转变，实现教师角色从课堂教学的主导者向学生学习的促进者与帮助者转变。

## 2. 学生学习能力

第一，学习方式的转变。MOOC 模式的运用是建立在学生具有一定自主学习能力的基础上的，这对于学生自主学习能力、自我控制能力都有一定的要求。在传统高校教学中，学生学习的内容、方式及最终的评估方法都是由教师制定的，学生必须按照教学大纲的要求紧跟教师教学思路才能保证学生对于知识的获取，在学生获取了所需要的知识后还需要自主进行课下学习，将所学知识内化。但是在传统模式下，教师无法保证学生在上课时间全程保持注意力集中状态，也无法保证学生对于教师讲授的知识的接收程度，更无法保证学生在课下能够将课上所学知识进行内化。很显然，在传统课堂教学模式中，学生并非处在主体地位，相反，学生处于被动接受教师知识传授的被动地位，而长期养成的这种学习方式致使高校学生独立学习、自我管理等方面的能力逐渐弱化。

"结合模式"的出现将对我国高校学生学习方式转变产生积极影响。与传统模式不同，"结合模式"更加注重学生个性化与自主学习能力的养成，并且随着部分高校学生参与 MOOC 学习，越来越多的学生开始适应这种个性化的灵活的学习方式。具体在 MOOC 学习过程中，学生学习以自主学习为主，改变了以往学生被动接受知识灌输的方式，将学生被动学习的惰性逐渐转化为主动学习的热情，提高了学生在学习过程中的参与度。在这样的教育模式下，学生逐渐从被动接受知识灌输到主动参与学习，最终逐渐培养出学生个性发展意识，让学生可以主动了解自身个性发展需求，并从自身需求出发寻求所需知识，更能让学生找准自身定位，了解自身优势与不足，从而实现个性化发展的自我完善，为高校培养多层次人才做出贡献。

第二，学习经验共享。"结合模式"对高校学生的影响不仅仅表现在它改变了高校学生的学习方式，还表现在 MOOC 促进了学生之间对于所学知识的共享行为。与之不同，在传统模式下，课上学生统一接受教师的课程讲授，课下通过复习进行知识巩固。在这一过程中学生往往会遇到一些问题，如知识点难以掌握、原理无法理解等问题，对此，学生通常采用自行研究、询问教师、寻求同学帮助甚至放弃对该知识点的复习等方式应对。学生通过课后自主复习进行知识内化固然值得提倡，但是在缺乏有效学习分享机制的环境下，学生课后参与复习的热情不高，无法形成课后参与学习共享行为的惯性，能够主动进行课后复习的学生数量与其复习效果都很难得到保证。然而，学生在 MOOC 学习过程中，通过主动或单方面要求参与课后互动，学生可以在社区式互动平台内提出问题、寻求帮助、分享经验、阐述观点。对于学生而言，这种通过积极参与讨论、发表学习感想、分享学习经验的交流方式，都将有利于学生在交流中不断重复对课上知识的温习回顾，从交流中获取知识。这种学习分享模式改变了传统高校学生课后学习的方式，使得学生之间的学习共享成为常态，提高了学生的学习效率。

## （四）结合模式下的教学管理

### 1. 教学计划与教学组织

MOOC 重构了"教"与"学"的关系，促使传统教育以"教师为主导"转变为"以学生为主体"的教育。由于教与学的关系发生了重构，教学组织模式和课程的呈现方式也随之改变，现在的高校课堂更加注重学生问题的互动与解决过程，而非传统的知识传授过程。这也相应地对高校教学管理模式产生了一定的影响，促使高校将传统教学管理模式进行再造，实现教育管理模式变革，这些在教学管理方面的影响主要有教学计划管理的影响、教学组织管理的影响两个方面。

第一，教学计划管理。随着高校多年来的扩招，高校毕业生群体经历了从"精英化"到"小众化"再到"大众化"的过程，并且随着受教育群体数量与范围的增加，高校对于教学计划的管理变革也提上了日程，以往传统的自上而下的教学设计已经无法适应受教育者大众化与个性化的双重需求，高校培养方案应突出教育本身的价值而非追求合理的教学结构，"结合模式"通过采用自上而下（课程设计团队通过调研、集中讨论构建教学设计）及自下而上（将受育者学习需求、学习习惯等信息整合进行综合分析）相结合的方式设计教学计划并通过"免费课程＋增值认证服务"的方式提升教育本身的价值。不同于 MOOC 教学计划的设定，在"结合模式"下，高校应首先满足不同学院、专业对教学内容的需求，除了通过统一管理设置专业必修课程外，还应结合学生对于非本专业知识的学习需求，用能够满足学生多样化需求的灵活的教学设计代替过于统一的专业培养方案，通过开放的教学设计打破专业间的壁垒，为学生提供多样化、个性化、自助化的课程选择平台，并做好对学生课程学习的认证工作，确保学生在完成不同课程组合后能得到有效认证。

第二，教学组织管理。目前，随着各高校连年扩招，高校学生数量激增，学生之间的层次差别较大，传统课堂教学的知识传授效果也因学生理解能力、学习能力等差别而大打折扣，教学组织模式亟待再造。MOOC 由于其师生分离的本质特征而采用翻转课堂，即学生先一步进行相关知识学习后再同教师和同学进行互动交流的异步教学模式。这为"结合模式"教学组织提供了一定借鉴，可提高学生在教学过程中的参与度，加深学生对于所要学习知识的记忆。更重要的是，由于学生学习过程的前移，教师与学生的关系逐渐对等，学生课前自主学习的重要性逐渐提高，学生从依赖教师的知识讲授转向注重思维和方法的学习，促使学生学习方式从被动的填鸭式学习向有目的的主动学习转变，提高学生自主学习的能力，进而实现学生群体学习能力的可持续发展。

### 2. 学生支持服务

在学生支持服务方面，国内高校有许多方面需要向 MOOC 借鉴。与传统高校学生不同，MOOC 学习者在学习过程中会遇到更多的困难，诸如交流问题、信息技术阻碍、学习习惯无法适应教学内容、学习时间无法保证等问题，并且由于师生分离的本质属性决定了设计、开发优质的课程学习材料也无法保证学习者学习的成功与学业的成功。同时，相比传统高校教学模式，MOOC需要投入更多精力与资源去关注学习者的学习情况，满足学习者的需求，这也就对 MOOC 的学生支持服务提出了相当高的要求。具体来说，MOOC 的大规模开放性特征决定了 MOOC 在开展过程中无法满足以万为单位的 MOOC 学习者的全部需求，在庞大数量的 MOOC 学习者中，每个学习者的需求、能力都不相同，其层次千差万别，即使是通过计算机技术也无法做到关注每一位学习者的学习状况。MOOC 除了需不断完善课程内容、教学模式、组织模式外，还采取不断提高学生支持服务质量的方式来实现人才培养目标。学生支持就是为那些遇到突发事件和异常困难的个别学生提供支持的系统，学生支持与学生管理不同，其主要服务对象不是学生大众，而是个别学生，对个别学生，问题可能是特定的，但是非常重要，解决不了这个问题将致使学生放弃课程的学习，甚至退出整个学习项目。

就国内高校学生支持情况来看，"结合模式"可以借鉴 MOOC 的学生支持服务，这将对我国高校学生支持服务建设产生积极影响。

（1）在政策信息方面。以往，由于国内各高校专业众多，且每个专业都划分多个行政管理层级，因而当高校发布政策信息时，这些信息往往需要经过多个层级的逐层传播才能到达各学院，各学院再经由各专业各年级的逐层传递才能被学生获取。这致使一些政策信息的传递速度减慢，影响了政策实施的效率。随着高校信息化建设与数字政务信息平台的建设，高校政策信息传递向着快捷化、公开化、透明化迈进，一些高校开始尝试借鉴 MOOC 信息服务模式，将发布的信息利用校内信息平台公示的同时，还会利用校内信息终端直接抄送到学生邮箱或网上终端。

（2）教学信息方面。由于传统高校是以教师连续面授的方式进行知识讲授的，课程结束后教师与学生缺乏有效沟通，致使部分学生仅仅依靠教师在课上提出的预习要求进行课后预习，但学生在预习过程中因为无法掌握预习重点而缺乏充分预习，仅靠通读无法保证学生在教师讲授过程中产生共鸣。通过高校教学信息化平台，学生可以利用查阅教师教学计划的方式了解教师讲授的进度并了解教师教学重点，进行有目的的复习与预习，进而提升学生学习参与度和自主学习能力。

（3）促进人员服务水平提高方面。在 MOOC 学生支持服务中，各类辅导教师、咨询人员扮演了重要的角色，并且对于学生支持系统来说，方便每一位学生找到相关的学生支持人员是极为重要的。一般来说，高校学生支持人员的工作职能是服务学生群体，并确保高校各职能部门的稳定运行，然而在实际应用中发现在以往的高校学生支持实践中，学生支持人员的辅导和咨询职能往往混合在一起，并无具体的咨询服务和辅导服务区分，高校往往采用聘用兼职咨询人员、学生顾问或任用教师担任学生支持工作。此外，由于长期以来一些高校行政机构冗杂管理层次多样，学生支持人员工作量巨大、专业能力不达标等造成学生支持服务部门工作效率低下，很多学生关心的、迫切需要解决的问题无法得到有效解决，从而消磨了一些学生寻求高校支持的热情。

与传统高校学生支持服务不同，MOOC 支持服务主要包括辅导与咨询工作、组织与支持学生技能实践两个方面。在 MOOC 平台的学生支持系统中，学生支持人员就如同沟通 MOOC 学习者与 MOOC 教师、MOOC 管理者之间的桥梁，支持人员通过倾听学习者的问题并联系相关问题的反馈机构部门、教师或专家，为学习者解答相关疑惑与问题，确保学习者学习需求得到满足，从而激发学习者寻求支持服务的积极性。

综上所述，作为借鉴，高校学生支持服务可以利用便捷的校园网络平台为学生提供半自助的支持服务，学生支持人员则可以利用提供链接、转接等方式将学生与相关部门联系在一起。同时，高校还可以通过设立专门的咨询页面及辅导页面，配备专门的支持人员服务学生群体并搭建学生支持服务交流平台，方便学生群体发表对于支持服务的看法及建议、方便学生与学生之间互助、方便学生支持工作改进等，从而减少人员服务的工作压力，提高学生支持工作的效率。

## 第三节 高校教育教学中 MOOC 模式的应用

### 一、MOOC 教学

科学技术，特别是信息技术催生出 MOOC，引发了一场教学改革。MOOC 在传统的课堂教学的基础上发生了一些新变化，其教学实践过程为课堂教学改革提供了宝贵的经验。

#### （一）教学环境信息化

科学技术的发展是催生 MOOC 的必要条件，而教学平台与社交网媒工具组成的信息化教学环境，使学习更加有效率，学习体验感更强，有助于调动起人们的学习积极性。

教学平台不仅是聚合各种学习资源的场所，还是学习者在线学习的"锚"，为学习者提供人本化的学习支持。同时，教学平台提供了清晰的导学和课程导航，引导学习者有序地开展学习活动。学习者通过导学，判断课程的适用性，并根据教学要求，自行设定学习目标，安排学习时间，分配学习精力与规划学习路径。此外，教学平台还聚合了教学视频、辅助资料与社交网媒工具，提高了学习的便利度和学习效率。

社交网媒工具迎合了学习者个性化学习的需求。其中，论坛是学习者进行交流互动的主要场所，学习者可以在此发表话题，并围绕话题进行互动交流，强化学习效果。学习者通过虚拟教室工具，直接与教学者进行在线互动或邀请专家进行在线讲座，增强了学习的真实感；学习者能够使用人际交互工具快速发布信息、发表意见、交换信息资源，与其他学习者进行互动；学习者还可以使用课程资源分享工具，向其他学习者展示学习成果，并分享学习心得。总之，学习者通过各种社交网媒，能够实现不同的学习目的，满足自身个性化的学习需求，同时，促进学习者形成学习小群体，提高交流互动水平，增强学习凝聚力。

信息化的教学环境有利于调动起学习者的学习热情，促使学习者自主进行在线学习。学习者通过吸收、内化与创新学习资源，实现个性化学习目标，促进个人能力与素质的提高。

（二）教学内容半结构化

cMOOC 非结构化的教学内容，有利于知识的生成与创新；而 xMOOC 结构化的教学内容，则有利于知识的传递与内化。从两者发展历程可以发现，两者的教学内容均趋向于半结构化，以满足来自世界各地的不同层次的学习者的需要。教学者向学习者展示教学大纲与教学计划，促使学习者形成学习的预期，以便学习者制定个性化的学习目标与计划，有步骤地开展学习活动。

教学内容并非一成不变，而是通过不断地迭代而持续地进行更新。具体而言，学习者在教学平台上观看视频的次数、发帖、回帖次数、登录次数等操作都会被系统记录，形成学习的大数据。教学者通过学习分析技术，收集、追踪与挖掘相关数据，监测学习者的进度与表现，对学习者的学习行为进行深入分析与研判，重新组合知识模块以及时调整教学内容，使课程在基础设计上符合大规模学习者的需求。学习者所形成的学习数据和反馈，使教学内容得到不断调整与完善，教学方式得到进一步优化，以更好地适应多元文化背景中各类学习者的学习需求。

（三）教学互动常态化

交流互动设置在 MOOC 的许多教学环节，是促进知识内化与创新的重要手段，具体包括人机互动、教学者与学习者的互动、学习者之间的互动。

在教学微视频中，教学者通过再现课堂教学、虚拟仿真等多种授课形式，营造出一对一的虚拟教学情境，提高学习的真实感。嵌入式的小测试与即时的教学反馈，实现了人机间的交互，使学习者能够保持学习的注意力。教学者与学习者通过使用社交网媒工具实现交流互动，这既让学习者得到与教学者面对面的答疑机会，又能够真切感受到情感间的交流，提升学习体验感。

学习者来源、层次、兴趣的多样化，加上社交网媒工具提供的极大便利，促进学习群组的自发形成。在学习中，学习者间可以互相讨论、解答学术问题，互相提供学习支持，提升学习的深度和拓宽学习的广度，增强了集体的凝聚力，以取得更好的学习效果。

综上所述，教学互动渗透在 MOOC 的许多环节里，使学习者即使在在线学习中，也能体验到课堂面授学习带来的乐趣和情感交流，促进教学相长，增强学习的真实感与体验感，提高学习质量。

（四）教学评价智能化

MOOC 的教学评价以教师、同伴与学习者自己作为评价主体，采取了嵌入式的小测试、课后在线测试、章节作业及考试等多种评价方式。而教学评价的智能化引导促进了教学的有效开展，使学习者可以进行个性化的学习。

在学习开始前，通过前期测试形成一个定位性的评价，检测学习者的层次与水平，以对教学内容的学习进行分流，为学习者提供个性化的学习路径，学习者达标后，才能进入下一部分的学习。

MOOC 平台收集学习者在学习中产生的相关数据，并利用学习分析技术，对数据进行追踪、监测、挖掘与分析。一方面，为教学者和学习者形象直观地提供学习反馈，使教学者和学习者可以及时掌握学习情况；另一方面，更好地为调整教学内容和优化教学方式提供数据支撑，为学习者提供个性化的学习。

（五）教学组织人本化

MOOC 模式的教学组织体现出以学习者为本的教学理念。在教学内容方面，对不同层次的学习者提出不同的教学要求，并提供多样化的教学资源，以满足学习者的需求；在教学指导方面，为学习者提供详尽的导学指引和学习导图，引导学习者进行自主学习，避免学习者在学习中陷入"迷航"；在教学过程中，教学者设计出符合学科特性和教学规律的模块化微视频，并提供即时的教学反馈，有效维持学生学习的注意力，促进知识的巩固；在教学评价中，详细地收集、分析与反馈学习的相关数据，以评价引导学习者自主掌握学习进度，使教学者可以参考学习者的学习情况与学习方式，调整教学内容和优化教学方式；在教学结束后，还会在学习的关键时期利用邮件、张贴公告等方式，提醒学习者进行学习活动。总之，它实现交互式的教学组织，形成良好的互动氛围，使学习者在在线学习中也能体验到课堂学习带来的学习乐趣。

## 二、MOOC 教学模式相关问题

（一）师生间的新变化

MOOC 教学中，教学者与学习者间的角色发生了一些变化。师生角色的转变，促使教学转向以学习者为中心。在此情况下，助教队伍的产生不仅减轻了课程主要教学者的工作量，也进一步适应了大规模学习的要求。

## 1. 师生角色的转变

传统课堂以教师为中心而展开教学活动，教师处于主导的地位，学生则处于相对被动的地位。而在 MOOC 中，师生间的角色发生了转变：教师由知识的讲授者转变为课程资源的创设者与传递者，由能力的训练者转变为创建能力训练情境的策划者，由学生情感态度的灌输者转变为情感生成的激发者，由学习效果评价的首席转变为评价中的辅助评价者。学生从被动的知识接受者转变为主动的学习者与知识的探索者。师生角色间的转变，实现了教学从"以教师为中心"向"以学生为中心"的转变。

## 2. 助教队伍的产生

MOOC 教学中，教学者面对来自世界各地数以万计的学习者，采取智能化的评价系统虽然能在一定程度上减轻教学者的负担，但难以解决师生间情感的缺失与互动的不充分。这时就需要大量的助教加入教师队伍中，以协助教学的开展。一般情况下，教学者会在课程中，选拔出表现优异的学习者，鼓励他们参与到课程的学习指导、评价，甚至参与到开发维护之中，课程结束后则会给予助教适当的奖励，如课程的特殊认证。通过充实师资力量，一方面可以解决情感缺失与互动不充分的问题，减轻教学者的工作量；另一方面，可以让学习者成为教学中真正的主人，调动起学习者的学习热情。

## （二）学习的动机

学习者的学习动机是开展 MOOC 学习的出发点，学习动机的实现程度决定着学习满意度高低，也是检验学习效果的重要依据。清楚认识学习者的学习动机，对检验 MOOC 教学效果与质量有着重要的作用。学习者开展 cMOOC、xMOOC 学习的动机分别如图 3-4 和图 3-5 所示。

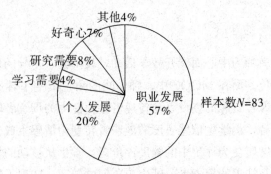

图 3-4　开展 cMOOC 学习的动机 ①

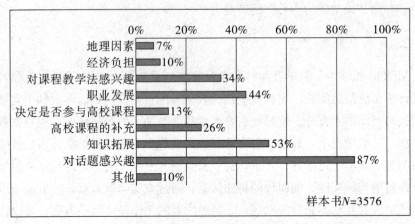

图 3-5　开展 xMOOC 学习的动机 ②

　　cMOOC 和 xMOOC 作为在线学习的方式，对学习者是否完成课程不作严格限制，基本是靠学习者的学习主动性。学习主动性的高低源于学习动机的强弱。因此，在 MOOC 教学的过程中，教学者需要清楚认识学习者不同的学习动机，采取有针对性的教学方式，以维持学习者的学习内驱力，保持其学习积极性，促使学习者实现个性化的目标。

## （三）教学完成率

　　在传统课堂教学中，教学完成率是衡量教学质量的重要指标。但目前由于 MOOC 的教学完成率低，其教学效果受到许多学者的质疑，究其原因主要有以下几点。

---

　　①　Fini A：The technological dimension of a massive open online course：The Case of the CCK08 course tools，International review of research in open and distance learning，2009（5）：1—26.

　　②　Fini A：The technological dimension of a massive open online course：The Case of the CCK08 course tools，International review of research in open and distance learning，2009（5）：1—26.

第一，教学完成率是一个相对值，而非绝对值。例如，在"电路与电子学"中，全球有 154763 名学习者注册报名，但最终获得认证的有 7157 名，毕业率为 4.6%。[①] 教学完成率虽低，MOOC（特别是 xMOOC）覆盖的学生数量与教学效率均高于传统课堂教学，体现出 MOOC 大规模与高效的特性。

第二，教学完成率是衡量传统课堂教学质量的指标，但在在线学习中则不完全强调。完成率是根据教学大纲的要求，更多体现的是学科知识的完整性。而在在线学习中，学习者缺少学校正规学习的约束与限制，学习基本依靠学习者的学习主动性，而学习主动性又源于学习的动机。目标决定路径，学习者的学习自觉性与学习动机决定了学习方式，最终影响着完成率。简单来讲，由于 MOOC 的学习者的学习动机主要是兴趣、学习知识与职业发展的需要，因而学习者不必学习所有教学内容和完成所有教学环节。

综上所述，MOOC 促使教学转向了以学习者为中心，教学需要满足学习者的动机，才能取得更好的教学效果。同时，教学应该以学习者能否实现学习动机与知识的完整性为依据来衡量教学质量，即教学评价向多元化与个性化方向转变。

## 三、MOOC 的发展机遇与挑战

### （一）发展机遇

#### 1. MOOC 使更多的学习者接受高等教育

在 MOOC 平台发展的基础上，诸多高校选择与其实施合作，另外也有部分高校研发自己的平台，从而推动优质课程资源的分享与交互。由于这一平台绝大多数的课程都由国内外知名院校免费提供，并得到了广泛传播，能够使国内外更多的学习者也可以很轻松接触到国内外的优质课程资源。MOOC 的出现使得教育覆盖了更多的地方，也被视作是一所低门槛、没有围墙、没有国界的"大学"。可以说，MOOC 的兴起使得更多人能够接受免费高等教育，促进了高等教育的民主化。

---

① Breslow L，David E Pritchard，De Boer J：Studying Learning in the Worldwide Classroom Research into edXs Frist MOOC，Research and practice assessment，2013（8）：13—25.

### 2. MOOC 引发高校在实践和教育方法上的改革

MOOC 作为高校在实践和教育方法上的一次改革，其教育信息理念的提出也促进了传统教学方式的更新。MOOC 作为一种新型的教学模式，与传统的课堂教学不同，它打破了时间和空间的限制，给学习者更广阔的平台。平台开发者也基于学习者在线学习的具体需求，对平台和课程进行更新完善，与此同时教育者可以通过多种方式进行沟通交流。这种大规模开放性课程，更加符合当前新型教育模式，真正做到以学生为中心，发挥其主观能动性。这一平台的推出是对传统教育理念和课程改革的一次翻天覆地的创新。

### 3. MOOC 有助于促进高等教育国际化

随着当前 MOOC 愈发热烈的发展趋势，高等教育全球化已经成为顺应时代发展的必经之路。这一平台的课程共享，既增强了国内外学生间的沟通与交流，更好地实现优质资源的共享，也促进知识和文化的传播平台的兴起，为高等教育的国际化发展带来更多的有利之处，从而加快其国际化的步伐。

## （二）发展挑战

### 1. 引发 MOOC 教育领域的"马太效应"

在 MOOC 这一平台的冲击下，高校也面临着发展危机。从平台共享课程资源这一方面看出，三大平台的课程主要来自欧美发达国家，这也意味着国内外逐渐多的学习者在学习过程中更多以欧美国家的资源为主。这样很可能导致"马太效应"，教育发达国家的教育影响越来愈强烈以及影响范围逐步扩大，而非教育发达国家大学就要面临挑战。

### 2. MOOC 质量保障面临巨大挑战

MOOC 质量保障一直是一个难以解决的问题，随着近几年 MOOC 平台发展迅猛，对于高等教育产生了巨大冲击，但仍有部分人对于 MOOC 的发展持怀疑态度，例如这一课程质量是否真的能够与大学课程相媲美，最终导致的结果又将是怎样一种态势？另外，与现实教育相比，MOOC 课程自主学习是借助网络的在线学习，MOOC 测试中可能存在作弊行为，这种行为最终会影响到学习效果和证书质量。因此，MOOC 的质量保证也成为其发展中的一大挑战。

综上所述，MOOC 将为高校未来教育的发展带来新的机遇。

# 第四章 高校教育教学中的创客教育模式

创客教育是指要学习者将自己的创意变为现实，也就是自主创新教育。在高校教育教学创新改革过程中实施创客教育模式具有十分重要的意义

## 第一节 创客教育模式概述

### 一、创客教育的概念界定

#### （一）创客与创客运动

"创客"源于英语单词 Maker，其中"创"是指创造，"客"是指从事某种活动的人，"创客"则是指勇于创新，努力将自己的创造力变为现实的人。Maker 源于麻省理工学院微装配实验室的实验项目，以创新为理念，以创客为中心，以个人设计制造为核心内容，参与实验项目的学生就是"创客"。简单来说，"创客"是指一批具有创新思想和自主创业精神的人，他们为了自己的兴趣和爱好，努力将各种创造性转化为现实。

创客运动是指，在世界范围内掀起的一股热衷于创客理念，孕育创客文化，让大众参与创客实践过程的一场将理念转化为作品的创新运动。创客运动重视开拓创新精神启发、实践动手能力培养以及合作共享精神的传承，它强调通过对新技术的运用实现把未来美好生活的向往变为现实。创客运动之父戴尔·多尔蒂认为，创客运动已经从小范围的创新创造运动转变为社会性运动，在世界范围内蔓延开，已具有时代的特征，必将从教育领域延展到政治、经济、商业等领域。创客精神根植于我们悠久的历史文化中，必将在时代的浪潮中攀爬上浪尖。

创客文化的渊源可以在 20 世纪流行于欧美的 DIY 活动中和 Haker 文化中

寻觅到。DIY 不依靠专门的工匠，主要是通过制作者自己使用一定工具和原材料进行制作，之后逐渐发展为发挥创造者自身想法、创意的一种潮流。DIY 潮流代表着对原创和实际动手能力的倡导，是一种文化的创新。随着时代的发展，DIY 潮流与现代信息技术相结合，创造者可以利用现代信息技术发明创造自己热爱的东西，即帮助他们将原有各式各样的创意想法变为实际作品。Haker 文化则体现了开放的精神、共享的理念和对技术的热衷，创客运动继承和发扬了 Haker 文化的核心价值，也使得更多的创客爱好者参与这场运动，并把创客运动推向世界。

创客运动在国外兴起较早，直到 20 世纪 80 年代才在我国开始流行。从最开始的家具制造、研发音响设备、修缮家电到之后蔓延到各个领域，DIY 潮流在国内迅速蔓延开来。直至近年，一线大城市中的深圳在创客运动中处于领跑地位，2015 年国内掀起了一股创客运动热潮，这场热潮也正是从深圳开始卷席全国的。

### （二）创新教育与创客教育

创新教育就是以培养学习者创新精神、创造性思维和创新能力为基本目的的教育。

创客教育则是创客运动与教育领域结合的产物。许多学者对创客教育定义进行了阐释。祝智庭等认为，创客教育是在新兴科技和互联网社区发展的大背景下，以信息技术为基础，传承了体验教育[1]、项目学习、创新教育、DIY 等理念的学习模式。[2] 杨现民等认为，创客教育是一种融合信息技术，秉承"开放创新、探究体验"教育理念，以"创造中学"为主要学习方式和以培养各类创新型人才为目的的新型教育模式。[3] 而中国电子学会现代教育技术分会创客教育专委会则认为，创客教育是创客文化与教育的结合，以学生兴趣作为基础，通过项目学习的方式，使用数字化工具，倡导创物，鼓励分享，以培养跨学科解决问题能力、团队协作能力和创新能力为主旨的素质教育。从中得见，创客教育正适应了国家培养创新型人才的需求。

---

[1] 祝智庭、雒亮：《从创客运动到创客教育：培植众创文化》，《电化教育研究》，2015 年第 7 期，第 11 页。

[2] 祝智庭、孙妍妍：《创客教育：信息技术使能的创新教育实践场》，《中国电化教育》，2015 年第 1 期，第 15 页。

[3] 杨现民、李冀红：《创客教育的价值潜能及其争议》，《现代远程教育研究》，2015 年第 2 期，第 25 页。

创客教育与创新教育理念一脉相承，重在激发学习者的创造性思维，引导学习者创造于学习过程中，注重在实践中将自身的想法、理念转变为现实产物。创客教育通过创客活动等一系列活动，跨越学科界限，通过各领域、各学科的互助式和合作式学习，培育出一批具有创新精神，乐于分享、注重实践的社会主义新型人才。同时，从创新教育与创客教育的内涵可见，创新教育偏重强调创新意识及思维的培养，而创客教育更加注重创造能力的养成，创客教育与创新教育在对学生的培养理念上有着很大的区别。

中国电子学会现代教育技术分会创客教育专委会在对创客教育的定义中认为，创客教育以学生兴趣为基础，通过项目学习的方式，使用数字化工具，倡导创物，鼓励分享，以培养跨学科解决问题能力、团队协作能力和创新能力为主旨的素质教育。

## 二、创客教育的特征分析

### （一）学习目标的多维化

由于时代的进步和技术的发展，社会对人才的素质提出了更高的要求。创客教育作为时代背景下发展起来的教育方式，摒弃了单维的目标要求，关注学习目标的多维化。在知识维度方面，创客教育要求学习者不再被动接受知识，而是实践探索过程中主动进行知识的建构和创新；在能力维度方面，创客教育要求学习者在解决问题的过程中，培养问题解决能力、与同伴的协作交流能力以及创新能力；在情感维度方面，要求通过学习者互动交流形成集体责任感，通过创新产品的生成，培养学习者的创新意识和创新精神。

### （二）创客项目的适切性、综合性

事实上，学生学习的过程就是创客项目的完成过程，因此这些创客项目首先应当与学习者的生活环境存在一定的相关性，能够激发学生的创作热情。其次，创客项目的设计应该考虑到学习者的知识基础和认知特征，在此基础上要具有一定的难度和复杂性，让学生在探究的过程中有所收获，体验到成功的乐趣。最后，在多维目标的导向下，创客项目应该是涉及多种交叉学科内容的综合项目，学生在综合项目的完成过程中理解、运用相关知识去解决问题形成综合能力。

### （三）学习过程的创造性、协作性

创客教育中学生根据现实生活中的问题确定探究主题，观点交流互动、作品制作等过程都体现出了创造性。另外，协作互动是创客教育的关键步骤，由于学生的知识水平是不同的，因此在协作交流的过程中能够取长补短，激发创新想法。

### （四）情境和资源的开放性、整合性

创客教育中学生面临的是开放的教学情境，教师呈现的情境中包含了必要的知识和技能，也包含了不同的侧面和角度。基于此，学生可以根据情境内容，在协作交流的基础上选择某一个投入角度进行创新项目。学生在项目的完成过程中需要运用到多种技术和资源，因而教师既要为学生提供物理空间资源，同时还要提供相关工具和技术。

### （五）教学策略的专业化

在创客教育中，学生的学习内容涉及多学科的知识，学习方式也发生了巨大的转变。因此，在教学过程中对教师提出了更高的要求。首先，教师应当是教学情境的设计者，需要为学习者设计具有现实意义的并且涉及多种知识和技能的学习项目。其次，在创客教育中应当以学生为中心，教师充当辅助者和引导者的角色。在课程学习过程中，教师要合理运用多种教学策略指导学生进行创作，还要以教学目标为中心，以创客项目为载体，采取相关教学策略不断激发学生的创新意识，促进创新能力的发展。

## 三、创客教育模式理论基础

创客运动兴起不久，以创客空间为实践场的创客教育正在积极开拓新大陆。它是否能更新或构建起一种新的教育思想尚无定论，目前来看，它的理论基础可以从现有多种成熟的教育理念中找到契合点。

### （一）多种理论的融合

### 1. 实用主义的"做中学"理论

"做中学"是由美国著名学者杜威依据实用主义教育观所提出的一种教育

思想。他的实用主义思想包含经验、行动和实践等概念，强调学习是个人、环境和教师三者相互作用的过程，而不是教师对学生单方向的填鸭式教学，并强调"从经验中学习""从活动中学习"。[①]　其中"从做中学"的观点，实际就是"从活动中学""从直接经验中学"，突出实践对学习的重要性。具体来讲，书本知识是抽象的、不能感同身受的，如果教师只是单纯地灌输教条、学生死记硬背地学习，那么学生的思想很难实现真正的启迪，只有将抽象的理论知识在实践中进行还原，让学生自己在亲力亲为中体验，才能更有效地将知识活学活用。

高校创客空间提供了一个让学生在"做"中学习的平台。事实上，在传统教学中，动手式的锻炼和创新是被忽略的，它被当作没有价值的玩乐搁浅在一旁。而创客空间则相反，它提倡要在"玩"中培养学生发现问题、解决问题的各项能力，挖掘"玩"的教育意义。创客空间将高校的教育模式由传统的以教师为中心的教学文化，向以学生为中心的自主学习文化演变，教师向学生传授知识是教学文化的内涵，而学习文化则是学生自己利用和寻找资源来学习。在创客空间学生可以自己制作海报、PPT、教程、视频以及各种模型产品，促进知识挖掘与创新。

### 2. 建构主义学习理论

建构主义学习理论是影响教学革新的重要理论源泉，它是基于"学习者为中心"（Learner－Centred）理论、"发现学习"（Discovery Learning）理论、认知学习理论等理论基础发展而来。该理论的焦点不在知识本身，而在于理解和意义的生成过程；关注知识的建构，而不是知识的传授；关注情境的互动，而非行为方面。有学者认为，学生不是被动接受知识灌输的对象，而是主动加工信息和生产意义的建构者，学生在一定环境中借助他人的帮助获得知识，而不是通过教师的简单传授得到。建构主义学习环境的四大要素包含"情景""协作""会话"和"意义建构"。[②]

目前，以学科知识为中心、以知识灌输为主要方法的教育模式阻碍了学生创新思维的开发和综合素养的培育。以创客空间为载体的创客教育融合了体验式学习、参与式学习、深度学习等多种学习方式，其都与建构主义理论息息相

---

　　① 成文娟、成世勋：《杜威"从做中学"思想对我国教育实践影响研究》，《林区教学》，2021年第10期，第31页。

　　② 何克抗：《建构主义的教学模式、教学方法与教学设计》，《北京师范大学学报（社会科学版）》，1997年第5期，第78页。

关，强调学生的主体性，突出在学习过程中主体的情感、体验、领悟、想象等心理过程。创客教育提出让学生在真实的创作环境里开展协作，发现问题，分析问题，寻找解决方案，创作项目作品，完成"让劳心者劳力，让劳力者劳心，手脑并用"的过程。

此外，客观主义主张"从技术中学习"（Learning from IT），而建构主义的技术应用观倾向"用技术学习"（Learning with IT），将信息技术当作学习工具。当前创客教育的发展得益于信息技术的革新，学生利用 3D 打印机等制造工具和 Arduino 等开源硬件、互联网资源作为知识建构的智能伙伴，增长了学习热情，提高了创新思维和实践能力。

### 3. 合作学习理论

合作学习是一种较具实效和创意的教学理论与策略体系，世界上很多国家都已普遍采用。它讲求以学生为中心的小组活动，强调增强学生的学习动力及兴趣。在合作学习中，学生通过小组协作完成目标以后，获得的集体荣誉会提升学生自我效能感，进而提高学习动力。依据该理论，教师应加强学生之间的交流合作，鼓励学生共同学习，从而达到全体学生一起进步、师生教学相长的目的。

通过分析发现，创客空间的学习模式与合作学习理论有很高的契合度。其中，最能体现的是创客空间的项目式学习。具体而言，学生在真实有意义的创客项目情境中，以"团队"为基本单位，参与到项目中综合运用多种认知工具和信息资源，最终解决各种任务。这种合作不仅知识技术层面能取长补短，而且附加的责任感意识也会促进学生潜能的发挥。合作的同时产生交互式学习，是"合作"内涵的升华。将创客活动引入高校，在教学活动中，恰当地采用一些多样化的教学方法，使学生与学生之间、教师与学生之间或是人机之间产生交互的合作关系，使学生由"会学""学会"向"乐学""好学"迈进。

### （二）创客式学习

#### 1. 基于实践的学习（Learning by doing）

满足教育环境下的多样化需求，创客空间给人们提供了动手学习的机会，而这种学习方式被教育惯性贬低或被视为无意义的活动。其实，动手学习对教育具有长远利益，可以促进学生批判性思维的发展，提高学生解决突发问题的能力。

## 2. 基于创造的学习（Learning by making）

随着科学技术的进步，学生拥有了更多的新材料、新工具、新技能，增加了学生成为创造者的可能。有研究者认为，人类的学习方式虽然多种多样，但基于创造的学习是人类自身最需要、最偏好的。[①] 而高校创客空间融合了新技术，降低了学生创造门槛，使其从消费者向创造者转变成为可能，使"做中学"升级为"造中学"。

## 3. 基于技术的学习（Learning with IT）

高校创客空间为学生提供先进前沿技术设备，开阔学生的眼界，引导学生萌发创新思维，并且随着 3D 打印成本的降低和技术的普及，每个人都可以将自己的创新想法转化为现实。信息技术的应用，进一步扩大了"做"的广度与深度，提高了"做"的速度，也使"做"出的结果传播得更远更广。

## 4. 基于项目的学习（Project－Based Learning）

高校创客空间集结了来自学校各年级、社会各阶层的不同思维的人一起创作，不论是工作坊里的制作，创客比赛里的组队，还是分享会里就某一主题的探讨，这种"项目"式学习深入其中，带着问题，共同协作，最终完成作品。

## 四、创客教育教学方式分析

### （一）项目驱动学习

创客教育提倡基于项目的学习，由学生根据自己的兴趣来选择项目，并且在学习过程中教师可以提供适当的指导，同时教师也可以参与其中与学生共同制作产品等。基于项目进行学习，首先要确定课题，其次要书写项目申请书，包括项目目的、计划、人员安排、资金花费以及研究进程等。开展项目研究主要的方式是探究实践。小组成员共同合作制作产品，制作完成后要将研究过程以及结果制作成文档资料便于展示与存档。这种学习方式有助于学生个性发展，便于教师发现学生的潜力，并指导他们实现自我。

---

① 郑燕林、李卢一：《技术支持的基于创造的学习——美国中小学创客教育的内涵、特征与实施路径》，《开放教育研究》，2014 年第 6 期，第 43 页。

## （二）跨区域跨专业同学协作学习

创客教育鼓励学习者跨区域、跨学科、跨专业甚至跨教育阶段进行合作交流，打破传统教学空间上教学内容的界限，丰富学习者学习的知识面，开阔眼界，接触更多更新奇的知识与技术，同时通过多种思想碰撞，更能促进创新，在这个过程中，通过合作交流，有助学生增加友谊也能培养语言表达能力。

## （三）注重教学实践性

创客教育目标的实现主要是学生利用当前计算机以及人工智能技术、3D打印技术等，通过跨学科团队合作，在动手操作，成果产出和分享的过程中实现的。这种寻找问题、发展问题、解决问题的真实过程有利于培养和提升自己的沟通交流能力、创新能力、动手实践能力等。这一点正好弥补高校教学目标单一的缺点。在注重知识学习的同时给学生提供一定的实践机会，充分发挥学生创造思维，锻炼学生的动手操作能力，有利于培养高质量的全面发展的人才，这也迎合了国家对高校改革创新型人才培养的政策要求。

## （四）与传统教学对比分析

传统高校教学方式偏重于知识传播，在学生实践能力和创新思维方面的培养有所欠缺，在高校实施创客教育的第一步先转变教学方式。首先，在目的方面，不只是注重知识的传播，同时也要注重培养学生的实践能力、创新思维等，注重学生个性化发展。其次，在教学组织形式上，不局限于单一的班级课堂授课制，应该倡导小组合作学习，也可以自主探究学习。实施创客教育的第一步是转变传统的教学观念，改变教学方式，但是这还远远不够，毕竟开展创客教育，涉及的不是单纯的学习方式的转变，还包括教学环境、目标、内容以及教师等。

（1）教学环境方面。由于创客教育更多的是基于项目的学习，更强调实践操作性，所以我们传统的教学环境需要做一个大的改进。为了激发学生的创造活力，需要创建专门创客教育环境，开放式地接纳所有学生，促进学生跨学科、跨专业合作。同时，学校要为学生提供更多的实践机会，多鼓励学生去动手操作。

（2）教学目标方面。传统高校教育的教学目标更多的是使学生掌握基础知识以及基本技能；而创客教育的目标定位于学生能力的提升。传统的教学目标需要学生不断学习、巩固知识、练习来实现；而创客教育目标的实现主要是学生利用当前计算机以及人工智能技术、3D打印技术等，通过跨学科团队合作，在动手操作、成果产出和分享的过程中实现的。

（3）教学内容方面。在教学内容设置方面主要围绕创新性、实践性、教育性等方面进行，尽可能让学生利用已有知识去实践和制造产品，在创作的过程中不断解决问题，并且也在解决问题的过程中不断学习新的知识。另外，创客教育教学内容不仅仅集中于书本知识，更多的是无形的能力提升，围绕项目去学习，在实践中不断学习。

（4）师资培养方面。专门进行创客型师资力量培训，同时也提倡优秀创客向教师转型，建立专门的教师创客空间，增进跨学科、跨专业教师之间的合作交流。

（5）评价机制方面。传统评价机制更多的是通过考试成绩来评定学习效果。这种测试方法可以测量出学生掌握知识的程度，但是对学生创造力、动手能力等方面却难以测定。高校开展创客教育的目的就是提高学生的创造力，对于每一种教育方式，我们必须进行评估，创客教育也不例外。当然，评估的方式不局限于考试，可以是评估创客团队创作的产品是否能实现预期效果，学生在创作过程中有哪些表现，在合作交流过程中是否主动与人交流自己的观点，或者能否接纳别人的观点等。此外，还需要创建良好的激励机制，对学生创客的表现进行鼓励表扬，并且计入学分。

高校创客教育更注重创新性、实践性的体现，鼓励学生提出创意，并且能够实现创意，也可以是基于项目进行创作的学习过程，这与传统的高校班级授课制学习方式有很大的不同。

## 第二节　高校教育教学中融入创客教育模式

### 一、我国高校创客教育发展现状

自2012年起，"创客"一词不断出现在大众视野中，政府鼓励高校注重培养具有实践创新能力的人才，变革当前教学模式，构建以培养创新型人才为目标的人才培养机制。在这种形式下，我国高校逐步将创客教育引进高校人才培养模式当中，并实施创客教育。与其他国家相比，中国创客教育起步较晚、发展较缓，其发展形式主要包括建立创客空间、成立创客俱乐部、举行创客大赛和举办创客教育讨论会等，通过不同方式共同推进创客教育在国内的发展。

**（一）从整体发展来看，创客教育发展势态良好**

**1. 部分高校优先发展**

在国内众多高校开展的创客教育中，以清华大学、同济大学和温州大学发展最为瞩目。清华大学是国内创客教育发展较早的且居领先地位的高校，其以 i. Center 创客空间为依托，实施创客教育。清华大学 i. Center 创客空间秉承敢于奇思妙想、跨学科领域融合、理念与实践相结合、乐于分享的理念，开展丰富的教学活动，诸如举办创客讲座、开展创客工作坊、引进创客教育引导项目等，打造浓郁的"动手造万物"的创客文化氛围。此外，i. Center 还创建网络在线平台，鼓励学生突破自己原有学科知识背景，倡导跨年级、跨领域学习，并积极引导学生充分利用网络资源，通过网络平台及时获取全球优质创客资源。同济大学则主要通过 Fab Lab 开放夜、创客马拉松等活动展开创客教育。Fab Lab-Shanghai 是在开源背景下创建的第一个全国性开放创造空间，学校每周末的开放夜都会举行众多类型的以"跨学科、开放设计、3D 打印、创客创新"等主题的跨领域讨论。温州大学以其创客空间为依托实施创客教育，通过开展各类创客培训活动，如乐高机器人、Arduino 3D 打印机等，举行创客相关项目分享交流会，举办创客论坛等普及创客知识，推广创客文化，促进创客教育发展。

现今，创客教育在中国发展势头迅猛，呈现出欣欣向荣的景象。但早期的创客教育则在极少数学校和个别教师的教学活动中开展，教育阶段也主要是集中在中小学阶段，极少涉及直接为社会提供服务人才的广大高校。在中小学的创客教育实践中，以通用技术和信息技术等学科为代表，优先实施创客教育；在众多的实践群体中，北京景山中学、温州中学、清华大学附属中学等学校具有代表性。而在高校中，最先涉足的创客教育有创意设计、工程训练和科技竞赛等，主要以创客空间和创客社团为载体开展创客教育。从 2013 年清华大学创客空间的成立，经历一年，2014 年清华大学创客教育实验室成立。从 2014年开始，与创客教育相关的机构相继成立、活动陆续展开。到目前，全国范围内，越来越多的大学、职业学院以及中小学相继加入创客运动的大潮中，并且在各自管辖区域实施创客教育。

创客教育虽然发源于国外且发展也领先于国内，但是我国自石器时代就推崇尚器重工，注重创新创造，其内在价值与创客精神内核是相同的。创客教育的出现和现代信息技术的不断更新，成功地推动了一次世界范围内的教育革新，对我国教育领域的改革起着举重若轻的作用，其影响深入教育理念、教育模式、教师发展、课程设置、教育辅助平台搭建以及人才培养途径等方面，也为我国教育改革指明了新方向。新时代背景下，互联网的迅猛发展也为创客教育的传播和发展起到积极的助力作用。Arduino 技术、3D 打印技术等开源性和应用性技术的持续不断发展，使更多的人能够切身参与到创客运动中，享受主动消费知识的乐趣，使自己也能成为创造者。可以说，现代社会是一个人人皆创客的时代，创客教育在创客运动中不断践行和发展，创客教育理念也在实践中不断得到丰富。

## 2. 整体发展势头迅猛

从发展速度上，我国高校创客教育从 2014 年开始呈现爆发式发展，创客相关组织机构相继成立，各式论坛大量举办，创客团体猛增，创客参与人数呈直线式增长。高校新建创客空间，购置设施设备，引进信息技术，与创新创业中心相呼应。创客教育在国内的快速发展也引起了社会各界的关注。2014 年，清华大学创客教育论坛上，展开了以"创客与教育"为主题的探讨，来自各界的创客人士对创客教育未来发展进行探讨。2015 年 4 月，清华大学 i. Center 创客空间联合多方团体发起了"创客教育基地联盟"。2015 年 7 月，致力于为创客教师提供思想和方法援助的团体"全国教师创客联盟"成立。2016 年，由清华大学创客实验室编制的《中国创客教育蓝皮书（2015）》出版，该书对创客运动和创客教育进行回顾和梳理，从理论层面追根溯源，归纳分析实践案例和模型，为创客教育的发展进行了理论和实践的探索。2017 年底，为落实中美元首共识和《中美社会和人文对话联合声明》成果，教育部认定北京师范大学等 16 家高校和完美世界等 2 家企业为首批挂牌中美青年创客交流中心的单位，促进了中美创客的交流。

## 3. 东部优于中西部地区

从区域性发展上看，我国地域辽阔，从地理位置上划分，自东往西分为东、中、西部；以经济区划分，主要分为华北地区、长三角地区、珠三角地区、东南沿海地区等九个经济地区。由于受地形、政治、经济、文化及历史等因素影响，各地区发展速度参差不齐，创客教育在各地区的发展也步调不一。以创客空间为例，能够更加直观看出创客教育的区域性发展。沿海城市中，特别是深圳，作为创客教育发展最发达地区，对全国创客教育的发展起着引领性作用。从整体上看，东部地区发展快于中西部地区，西部地区发展速度较慢，中部居中；从经济区来看，长三角地区、珠三角地区及沿海地区，创客教育文化氛围浓郁，发展速度快，发展势头稳健。推进创客教育区域性发展和普及是创客教育的必然趋势，是保证教育公平、提升区域创新能力的根本性前提条件。创客空间发展要协调区域发展，东中部带动西部发展，经济发展地区带动经济欠发达地区发展，要充分利用已有优势，发掘潜在优势，集各方优势，推动创客教育协调发展。

## （二）从高校内部来看，创客教育发展存在较多不足

### 1. 创客教育课程比较缺乏

创客课程是构建创客教育生态的必要环节，实施创客教育的重要途径，落实创客教育的必经之路，也是推动新课程改革的重要助力。创客教育在国内的快速发展，使创客教育工作者信心大增，对创客教育未来发展也更加具有积极性。然而，创客教育在快速发展的同时也面临着新的挑战，日益增长的创客文化需求与当前创客课程无法满足社会需要之间的矛盾，是亟待解决的问题之一。

创客课程是一种有别于传统学科课程的，专门为创客教育培育创客人才的新型课程，主要包括信息技术类、工程开发类、项目制作类、艺术设计类课程。在创客运动的推动下，我国部分院校逐步开设基础的创客教育课程，但还没有形成完整的课程体系，甚至还有许多高校没有专门的创客教育课程。已将创客教育引入教学的一些高校也存在一些问题。其一，课程目标定位不清晰。当前的创客教育偏重培养创客型人才而忽视"创客式"人才的培养。其二，课程内容与开展形式单一。主要开设单一类型的创客课程，缺乏与此课程相关要素课程的开发；开展形式主要以团队合作、小组讨论、班级学习为主，很难让学生进行深层次的探讨。其三，课程评价缺乏创新，浮于形式。课程评价仍然以学习成绩为主要导向，评价内容单一，缺乏多元性。

### 2. 创客空间建设有待加强

创客教育主要强调学生在动手实践中完成学习，具有很强的实践性。所以，创客教育的开展需要大量的设施设备、建设场地等物质条件保障，如资金保障、平台搭建等。目前，国内高校创客空间的开展主要依靠创客空间这个平台，但当前高校创客空间建设存在诸多问题，使得创客教育开展成效不佳。

从国内创客空间建设情况来看，主要集中于东部地区，大部分属于重点院校以及一些工科类院校，创客空间在全国高校内还没有普遍建立，已建成的高校创客空间也存在一些问题。

第一，创客空间开放性欠缺。创客空间在建设之初就秉持着建设一个开放性的物理平台，是一个为高校师生及社会人士提供思想交流、观点碰撞的场所，该场所还提供一系列设备、技术等资源，在这里能够将自己的想法转变为现实。而在当前高校创客空间的运行中，提供的可开放时间与预期期望相差甚远，效果也不甚乐观。溯其根源，目前高校创客空间开放性欠缺，这与众多因素有关。首先，高校创客空间发展还属于萌芽起步期，还处在"摸着石头过河"阶段，对新事物的认识很多方面都比较欠缺，还需要进一步探索；其次，高校学生在思想上对创客空间的认识度不够，对这个新兴事物还处于观望状态，导致其认知度不高、参与性不强；最后，创客空间的吸引对象主要集中于理工科学生，对文科类学生吸引力不足，其性别吸引力也有差异。总之，所属不同学科以及不同性别的问题都不同程度地限制了高校创客空间的发展。

第二，创客空间安全性亟待加强。制度为社会的正常运转提供了前提条件，安全保障为社会的有效运行提供了必要保障。只有在保证安全的前提下，创客空间才能保证持续性的运作，而安全可分为刚性安全和柔性安全。所谓的刚性安全是指外在设施设备正常运转、机器仪器安全运行，通过保证物理器械的安全，从而保证人身安全；柔性安全指的是人员自身的安全防范意识，通过对个体的安全意识培训和安全约束，从而提高安全系数。目前高校创客空间的运行中，存在着机器设备的维护、检查不到位，安全防护设施不健全；没有建立专门的安全管理机制；创客成员及个体创客安全意识薄弱、安全知识缺乏等问题。

第三，创客空间共享度有待提升。高校创客空间是加强校与校之间、学校与社会之间、学校内部各院系之间沟通与交流的有效途径。但在实际操作过程中，由于缺乏有效的学习、交流、共享平台，学校与社会之间的交流与合作受到限制。当前，各个高校跨学科通识课程普遍较少，致使不同学科之间相对独立、缺乏交流。此外，校内和校级之间循环共生的生态系统还未形成。

### 3. 创客教师队伍亟待建设

教师是开展教育活动的基本要素之一，高校创客教师是推行创客教育的主导力量之一，创客教育的顺利实施需要大量具备创客理论知识、创新实践能力、指导创客实践活动的创客教师。目前，国内不管是基础教育阶段还是高等教育阶段，都面临着一个严峻的问题——缺乏满足当前创客活动需求的合格的创客教师。

首先，创客教师师资短缺。创客教育是集众多学科基础知识和基本技能于一体的教育形式，它的特殊性对教师提出了新的要求。创客教师需要具备众多基础应用学科的相关理论知识，在具备丰富的专业知识基础上，还要掌握一些设施设备的操作技能，并且要求创客教师拥有扎实的专业技能、超群的综合素质和对新事物具备敏锐的洞察力。而当前高校学术圈主要流行"术业有专攻"，强调教师专攻自己擅长的领域，具有较高综合素质能力的教师较少。

其次，创客教师培训成效不佳。创客教育在目前的教育界可以算是新兴产物，传统教育中没有专门的创客教师，当前在学校开展具规模性的创客教育需要大量的创客教师，这就需要对教师进行培训。但由于创客教育在中国发展时间较短，大部分教师对创客教育的认识不管是理念还是知识储备都不足，短时间内难以培训出大量优秀的创客教师。

再次，进行创客教育培训的教师主要来自高校原有教师，现行教师专业教学经验丰富，但普遍教学方法单一，主要采用传统教学方式教学，注重知识的讲授。创客教育课堂则需要形式多样的教学方法，比起知识传授更注重创新思维、实践能力以及分享合作精神的培育，更加强调学生学习主体性的发挥。因此，如何将现行教师通过培训转化为合格优秀的创客教师，是创客教师培训过程中急需解决的难题。

最后，创客教师角色转变困难。审视创客教育在中国的发展，不难发现，与其他学科的结合是创客教育的发展途径之一，要做到创客教育与原有学科的融合，需要教师在教学活动中结合创客教育理念或使用新式教学方法和教具进行教学，不仅需要教师不断提升自身教学能力和水平，还要进行角色的转换，这都对教师教学能力提出了新的要求。

### 4. 学生创客意识有待提升

对大部分学生来说，创客教育也是新鲜事物，最初在接触创客教育时对其教育理念、教育实施途径以及教育意义等都没有了解：一方面，导致一部分学生进入创客空间时比较盲目，有些甚至是随大流，没有对创客空间的结构及运行方式进行深入了解。再者，对自己的创意观点不明确，没有方向和目标，在进行具体的创意实践时意志力不坚定，积极性下降，遇到瓶颈就会退缩。另一方面，主观意识的驱动有利于行动的开展，由于对创客教育和创客空间的认识不足，很多学生加入创客空间的主观目的是结交朋友，丰富课余生活，并不重视自己创新思维的训练、实践能力的培养。

## 二、我国高校创客教育存在问题的原因

上文分析了我国高校创客教育发展现状及存在的一些问题，透过现象可以看到事物发展的本质，纵观目前高校创客教育出现的这些现象，归根到底还是追寻到影响其发展的各类因素。下面将从社会层面、国家层面、学校层面以及学生层面剖析导致这些现象的根源。

### （一）政府层面

创客教育在我国的发展是一种自下而上的发展，随后才逐渐得到中央的支持。近年来，随着创客教育的发展，政府陆续出台相应的政策文件支持创客教育的发展，如 2015 年发布了《关于大力推进大众创业万众创新若干政策措施的意见》，2016 年教育部印发《教育信息化"十三五"规划》。这些政策文本在一定程度、范围上解决了创客教育在国内推行中遇到的一些问题。但创客教育在国内是个新兴事物，并且发展势头很迅猛，在发展的路途中还会出现更多的新问题，这些可能出现的情况是目前仅有的一些创客教育政策中所没有涵盖的。因此，创客教育要想畅通无阻地发展，政府必须在政策方面给予足够的支持。

创客教育不应是某个教育阶段实施的教育，而是一个系统的教育工程，从小学阶段一直到大学，各个阶段相互衔接。各级学校实施创客教育不仅需要教育系统内部的帮助，更需要社会大众的帮扶支援，需要来自政府的政策支持和保障。然而，当前高校创客教育与社会联系不密切，很少得到社会各界的广泛支持，一些企业虽有提供一些设施仪器，但这无法满足创客教育的长足发展。

另外，创客教育政策执行力度欠缺，国家先后出台一系列发展创客教育的相关政策，并强调顺应时代发展，将创客教育与现行教育相结合，促进学生创新能力的发展。但一些学校由于客观原因或对政策解读不够深入，并未最大限度地将发展创客教育政策落到实处，导致创客教育实施效果欠佳。

### （二）社会层面

创客教育自发展以来，首先在基础教育阶段引起较大轰动，许多学校和教师都纷纷加入创客运动中，但其在高校发展较缓慢。究其原因，国内高校对创客教育的认知度不高，发展还处在模仿西方创客教育理念、模式阶段，整体发

展规模不大，数量较少，还没有形成具有自身特色、固定模式的创客教育体系。另外，创客教育的发展局限于学校、创客空间、创客联盟等小范围空间，受众群体小，社会大众对创客教育认知度不足，对其教育理念，其培养出的具备创新意识、实践能力和分享精神的人才对当前人才培养模式的补充作用，以及对学习者自身思维训练、动手操作等综合素质的提升的巨大作用缺乏了解。

提到创客教育或是创客空间，许多人将其和企业孵化器联系起来，两者实则有很大的区别。企业孵化器是以降低创业者创业风险和成本为目的，通过成立以科技型为主导的中小型企业，提供实体空间和器械设备，以及相应的服务和指导，帮助创业者实现创业梦想，其最终目的是培育优秀的企业家和建立企业。创客空间与企业孵化器有质的区别，创客空间是一个物理上的、精神上的学习交流中心，为喜欢创造或是具有创客精神的学习者提供一个将想法变为实际的物理场所。在这里，学习者不仅可以发明创造，还可以自由交流，在交流中实现灵魂的碰撞，碰撞出新的火花，实现更进一步的创造。创客教育是在为学习者提供一定物质条件和物理空间的基础上，让学习者或是创客爱好者将自身灵感想法通过实践动手转变为现实成果或是在与人交流中萌生出新的创意，或是在与人交流中萌生出新的创意。简单来说，创客教育基于"快乐学习"，让学习者在轻松愉悦的环境中实现自身的发展，有些学习者或许能成就一番事业，有些则是单纯地享受学习过程带来的乐趣。这与企业孵化器有较强目的性地提供相应设施设备具有本质的区别，不了解创客教育的人恰恰就陷入了这样的误区。

（三）学校层面

如今，在"大众创业，万众创新"的时代背景下，各行各界大力提倡创新发展。随着创新创业教育的提出，教育界开始着力创新创业教育，创客教育是创新创业教育更具体化的教育形式。但是目前创客教育的主战场还是中小学和创客空间，随着创客教育的发展，部分高校已经意识到创客教育对于高校人才培养理念更新、教学模式转变、教学方式升级等方面的重要性，逐步将创客教育引入高校教学。高校是社会人才的直接输送地，其人才培养质量直接关系到国家、社会的发展。但是，从目前国内高校对创客教育的实施情况来看，众多高校对创客教育的价值及其重要性还没有充分认识，创客教育理念没有被真正理解，从而使创客教育理念没有完全贯彻于高校人才培养当中。还有很多高校对创客教育缺乏认识，对新事物还存在担心，对创客教育持保守态度。

### (四) 学生层面

创客教育想要保持稳健的发展势头，最大的驱动力还是高校学生在创客文化的熏陶下、创客教育理念的培植下、创客教师的引领下，锻炼出实践动手能力、养成分享合作精神，最终实现自身的可持续发展。当前高校培育出的一些学生缺乏创新精神和实践动手能力，与创客教育所需的人才不符，暂时无法完成创客教育生态循环中驱动力部分的提供。

从学生自身发展出发：首先，一方面，部分学生进入创客空间时比较盲目，有些甚至是随大流，看着朋友加入了，自己也跟着参加，没有对创客空间的结构及运行方式进行深入了解。对自己的创意观点不明确，没有方向和目标，在进行具体的创意实践时意志力不坚定，积极性下降，遇到瓶颈就会退缩。另一方面，主观意识的驱动有利于行动的开展，由于对创客教育和创客空间的认识不足，很多学生加入创客空间的主观目的是结交朋友，丰富课余生活，并不重视自己创新思维的训练、实践能力的培养。

其次，创客兴趣的培养需要通过实际动手尝试，在自己动手过程中感受创客的魅力。现行教学中提供给学生实际动手的操作环节缺失，导致其养成被动接收教师传递信息的惯性，没有对现存事物存疑的习惯，更加缺乏对新事物进行探索的好奇心。而好奇心恰恰是促进学生进行创客活动的因素之一。

最后，创客知识的积累需要学生不断地学习，要打破原有学科知识壁垒，突破学科界限，实现跨学科知识、技能的学习。跨学科要求学生有一定目的导向性，还要具备一定的知识基础。然而，现行学生的创客意识还比较薄弱，对进行跨学科学习的认识度还不足，他们进行跨学科学习的能力也有待提升。另外，由于学生在进入高校之前接受了较长时间的传统教育，其思维和学习方法很难在短时间内改变，其创新思维、实践动手能力都比较弱，最终导致其从事创客活动的能力不强。

## 三、高校创客空间分析

### (一) 概念

蓬勃发展的创客运动根植于正在扩展中的"创客空间"网络中。创客空间作为创客运动的载体，可以看作这样一个空间场所——人们可以聚集在这里分享经验和知识，通过共同工作（Co－working）来创造新事物。由此可以看出，创客空间是指志同道合的人聚在一起，以促进学习和知识创新为目标，分享资源，如工具、专业技能、创意等来完成某个项目（想法）的真实空间。从其价值层面来看，创客空间又不单单指实体空间，更是一种创造、协作、分享的理念，其本质是知识和实践体验的结合体及其衍生物，而创新、实践和共享是其典型特征。

全球范围内已建立了很多创客空间，大概可分为三种类型：独立的创客空间、为学校服务以学校为基地的创客空间、以公共图书馆为基地为社区服务的创客空间。[①] 而细分高校创客空间类型也有好几种：社团性质的创客空间，如苏州大学东吴商学院创客空间；以某个学院为支撑的创客空间，如北京理工大学创客空间（机械与车辆学院）；校企合作的创客空间，如英特尔－西南交通大学创客活动中心等。

高校的"创客空间"在创建目的、运营模式、资金来源等多方面都与社会企业不同。在此可以将高校创客空间界定为，高校以呵护学生创新想法、培养学生实践动手能力为目的，投入一定的经费并提供场地、资源，使不同专业、不同学业背景的学生基于兴趣和爱好聚集在一起，交流思想，合作共享，将创意变成现实的创新实践平台。

（二）特征

1. 物质层面的特征

（1）实体与虚拟结合。创客空间既是一个实体存在的物理场所，也是一个隐形的虚拟空间。其中，实体空间提供各种资源设备，开展各项特色活动，可以供学生前去实战演练；虚拟空间包括网上论坛、QQ、微信等平台，可以供学生即时交流、答疑解惑及分享成果，这种线上线下学习相结合的方式，对学生知识积累、能力增长多有裨益。

（2）开放与自由结合。开放与自由体现为不限制人群、不限制时间、不限定内容，随时向以学生为主体的社会各界开放。这点与大学实验室构成了鲜明的对比。实验室往往由其专业性强、主题明确、开放时间有限导致利用率不高、学习效果不佳等问题的出现，而高校创客空间的这一特性却带来了意想不到的效果。就知识管理层面来看，创客空间吸引了不同专业、不同领域的人

---

① 王敏、徐宽：《美国图书馆创客空间实践对我国的借鉴研究》，《图书情报工作》，2013年第12期，第97页。

才，促进跨学科、产学研结合交流，有利于多元化领域下诞生新的知识，成了知识孵化的"创新基地"。此外，这种以兴趣为导向，来去自由的管理方式，也促使学生产生主动学习的欲望。

（3）知识与实践的结合。高校创客空间虽说是一个创新实践平台，但是没有一定知识积累的实践，也会令学生无所适从。这个平台趋向于这么一个过程：将理论知识应用于实践，在实践中强化已有知识，并不断地补充接纳新的知识，扩大知识面，增强实践力。让学生通过"物"化知识的活动，享受"动手"的乐趣。

### 2. 价值层面的特征

（1）坚持创新。高校创客空间为学生提供自由、开放的环境，以及完善的设备和教师的指导，旨在鼓励他们以创造性的思维进行天马行空的创作，进而提高创造力。

（2）持续实践。加强学生的实践能力是高校创客空间的主要指导思想，关注他们在实践中的动手应用能力、解决问题的态度和思路，让他们充分学习直接经验，在实践中获得体验。

（3）共同协作。团队精神是大学生需要培养的一种素质能力。高校创客空间在培养学生独立思考完成任务的同时，也通过团队项目、抱团比赛等内容发展学生交流合作、携手共进的能力。

（4）乐于分享。"开源"是网络时代下的创造的新趋势，表现了开放资源、乐于分享、共同进步之意。高校创客空间聚集了各个专业、各个行业志同道合的人，在这么一个资源共享和思维高度开放的环境里，分享彼此的知识、经验和技能，实现各自的想法，以达到共同进步。

## 四、高校创客教育的教学理念模型、实践模式

### （一）教学理念模型

高校开展创客教育的教学理念模型如图 4-1 所示。

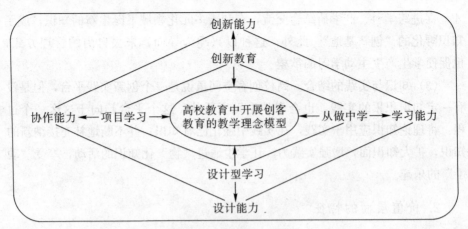

图 4-1　教学理念模型

创客教育的成功开展需要融合创新教育、从做中学、设计型学习和项目学习等理念中的多种元素，在这四种理念的指导下设计教学实践模式以培养学生创新能力、学习能力、设计能力和协作能力。

正如图 4-1 中显示，中心是教学理念，第一层为具体的四个理念，通过四个理念指导建立教学实践模式，并设计教学过程。第二层是四个能力目标，即在理念的指导下想要实现的最终目标。其中，继承创新教育的理念旨在培养学生的创新能力；开展创客教育强调体验教育中的深度参与和在实践中学习的思想；在"从做中学"思想指导下设计教学过程，希望通过实践体验促进学生知识技能的习得，培养学生的学习能力；设计型学习是以使学生学会设计，提升学生能力水平为目标的教学模式，旨在培养学生的设计能力。创客教育的实施方式与基于项目的学习相似，都是以一个任务或者主题项目为主线，学生们在分组协作学习的过程中进行学习，对学生协作能力的培养有一定借鉴意义。具体阐述如下。

## 1. 创新教育

创客教育是创新教育理念的继承与发展：在学习方式上，创客教育与创新教育都强调"在创造中学习"，主张基于项目的学习，倡导在实施过程中通过学生的合作、实践、共享以深化对知识的意义建构。在能力培养方面，创客教育与创新教育都关注学生的动手能力和解决问题的能力培养。在成果方面，创新教育强调创新的过程，一般为"无中生有"的新；而创客教育强调人人参与创新的过程，可以是无中生有，也可以是已有元素的重新组装。创客教育是创新教育实现的手段和方法，创新教育是教育的最高目标。创新教育与创客教育的理念精神一致，可以用来指导在师范教育中开展创客教育。在目标培养方面，创新教育旨在培养学生的创新能力，主要包括创新品质、创新意识、创新思维、创新技能和创新情感，与创客教育的目标相契合。用创新教育理念指导教学实践模式设计，对学生创新能力培养有一定的指导意义。

## 2. 从做中学

"从做中学"是创客教育最突出的一种理念，由杜威提出，强调学生的动手实践，要求手脑并用。以前的教学活动，总是将学习与运用分离，学生首先是获得知识，然后通过理解记忆知识，最后通过课后习题运用知识，进行知识复习和迁移。杜威不赞成这种观点，提出要将知识的获得与运用融为一体，要知行统一，知识的运用也不局限于最后的习题巩固，而是在真实情境的真实体验。在高校教育中开展创客教育可以借鉴杜威"从做中学"的思想，通过实践探究进行知识学习和创造。创客教育关注学生学习体验过程，强调学生学习能力的培养，从发现问题到解决问题，最后在问题解决的过程中进行知识的建构与更新，应用已有的知识完成自己的创作。用"从做中学"来指导创客教育的开展，对创客教育的生根发芽具有指导作用，对学生学习能力的培养有很大的意义。总之，在教学过程设计时，可以借鉴这种思想，为学生创设自由的环境和场所，让学生自主学习探究知识，回忆已有的知识，利用已有知识解决新的问题，同时创设真实的学习情境，让学生在知识学习的过程中进行知识创造。

## 3. 项目学习

项目学习是以项目为导向进行教学，强调学生通过团队合作，在解决问题的过程中完成学习任务。项目学习中的学习任务是真实的，内容的选择可以是学生自己的探究发现，也可以由教师和学生一起研讨产生，无论是哪一种，均和学生的生活息息相关，在学生的最临近发展区内进行探究。具体而言，学生在主题的指导下，安排学习计划，进行问题探究，而教师转换以前的角色，成为一名指导者、合作者，给予学生一些必要的指导和建议。学生通过自主探究、团队合作完成项目的学习。创客教育与项目学习有相似的实施框架，因而可以作为创客教育的理论基础之一，指引教学实践模式的构建。

## 4. 设计型学习

设计型学习也称"基于设计的学习"，它不是线性地给学生呈现和传递知识，而是学生在设计学习的过程中主动建构知识和技能。设计型学习是以使学生学会设计，提升学生能力水平为目标的教学模式。在创客教育中引入设计型学习理念，旨在培养学生的设计能力。首先，能够对学习任务进行整体分析，对任务有个整体把握，也就是说强调统筹规划能力的培养，学生可以独立自主的制订学习计划，合理有效地利用学习资源完成学习目标。其次，在学习知识和技能的过程中，培养批判性思维能力。

综上所述，教学实践的模式可以建立在创新教育、项目学习、从做中学、设计型学习等理论基础之上，旨在培养学生的四种能力，与创新教育的理念有诸多相似之处；强调实践对促进认知的重要性，继承了"从做中学"的思想；以设计为导向，与设计型学习理念一脉相承；以项目为载体，与项目学习法的实施框架有相似之处。

## （二）教学实践模式

教学实践模式探究的是如何在高校教育中融入创客教育，因此下面基于以上的理念模型，从教学目标、实践条件、教学过程和教学评价四个要素建立如图 4-2 所示实践模式图。

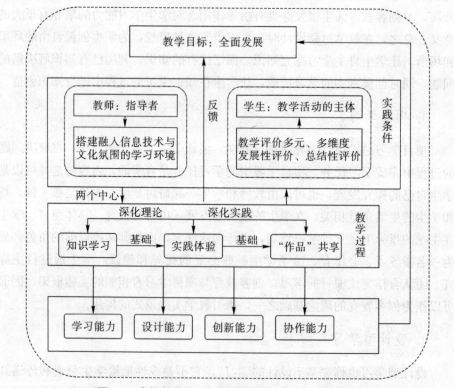

**图 4-2　高校教育中融入创客教育的教学实践模式图**

由图 4-2 中可以看出，高校教育中融入创客教育的教学目标是全面发展。而这个目标可以分解为学习能力、设计能力、创新能力和协作能力，即通过各个能力的培养逐渐实现最终的全面发展目标。

## 1．教学目标

教学目标是教学的出发点和归宿，也是教师对学生学习成果或最终行为进行评价的参考。对学生来说，教学目标帮助指导学习的方向，同时也可以作为自我检测的一个参考。对教师来讲，教学目标是一切活动的导向，指引着后续活动的进行，包括后续教学内容的选择和安排、教学方法以及教学评价方式的确定等。

## 2．实践条件

实践条件是教学实践模式实施过程中的必要条件。实践条件主要包括教师、学生、学习环境和评价方式。

（1）教师。

在创客式课堂中，教师搭建融入信息技术和文化氛围的学习环境，与学生一起学习创造。需要注意的是，教师的角色是随着多元的环境及学习者的需求变化而不断变化的，教师改变以前的知识传授者的身份，成为学生学习的促进者及合作者。同时，教师还需要具备创造力来设计自己的课堂，创新教学，以便在学习中成为学生的榜样、学习过程的促进者、资源提供者以及建议者。另外，由于创客是一种复杂且综合性极强的创造性活动，教师在教学过程中会遇到很多困难与挑战，需要教师沉着面对、冷静处理，在技能与方法等方面对学生进行指导，还需要从情感方面对学生进行鼓励。

（2）学生。

学生作为学习活动的主体，最重要的学习品质是学生学习的自主性，而自主性表现为积极参与课堂教学活动，自觉预习巩固知识，面对教学任务能够积极面对，努力解决；同时需要学生根据已有知识与经验对旧事物进行创新与改造的过程，在学习中举一反三，遇到问题时能提出新思路、新方法，利用已有的资源解决问题。在创客式课堂中，教学不再是以前的填鸭式教学，教师是主导，学生成为真正的主体，需要自主探索，在教师的启发下自主建构知识。

（3）学习环境。

学习环境是指促进学生发展的各种条件的总和，包括实体环境和虚拟环境。实体环境中，不强调先进设备的配置，在基本的信息技术教室就可以实施创客式教学。但是需要给学生一个开放自由的学习空间，因为创造与自由是一体的，学生只有在轻松自在的环境中才可以无限浪漫的遐想。虚拟环境中，则更多的是给学生以交流展示的机会。例如，高校可以借助微信平台，建立未来教室，在这里学生可以寻找学习伙伴，实现跨专业合作探讨；可以为学生提供中外思想家、教育家和哲学家等关于教育与人生、技术与思想的相关美文，为学生打开另外一片天地；同时也可以将学生的作品上传到虚拟空间中一起分享，从各位学子那里获得智慧的种子、碰撞出思想的火花等。总之，通过实体环境和虚拟环境的结合，给学生更多交流展示的机会。

（4）评价方式。

评价方式强调的是全方位的评价，且相比结果更关注过程中学生的成长。评价是为了更好地前进，而不是判断对错的过程。而评价方式的选择与教学目标有一定的联系，需要根据教学目标选择合适的评价方式。这里只强调多维度、全方位的评价，即发展性评价和总结性评价的结合。

### 3. 教学过程

教学过程是教学活动的展开过程，是教师根据一定的社会要求和学生的发展特点，应用一定的教学手段、策略，帮助学生认识教学内容从而认识客观世界，并在此基础上发展自身的过程。

高校教育中开展创客教育希望能将创客教育的理念融入教育教学过程中，改变传统的讲授式课堂，营造一种民主自由的学习环境和氛围，同时通过创客教育的融入为社会培养更多的人才，让创客教育的发展得以延续。例如，师范教育中开展创客教育强调知识学习的过程，在学习的过程中学会学习，为未来教师解决"学习"问题。学习是为了更好地创造，教学的过程同样需要关注学生的学习体验。因此提出创客教育教学过程，主要包括三个部分：知识学习、实践体验和作品共享。这三个环节是层层递进的关系，知识学习是实践体验的基础；实践体验是作品分享的前提；作品分享后的结果反馈到知识学习，帮助查缺补漏、深化理论，反馈到实践体验，起到深化实践的作用。

融入创客教育的课堂与一般课堂的区别在于：课堂上不仅有知识教学，还需要创客教学过程和作品共享的过程。课堂中学习的过程是一个系统梳理的过程，包括知识的学习和运用，运用是为了让知识生动活泼起来。一次次的实践让知识成为精神生活的因素占据人的思想，激发人的兴趣。知识的运用过程是实践体验的过程，通过作品共享反馈深化知识的学习和创造。

需要注意在这一模式下教师可以自主构建自己的课堂，但是必须遵循"两个中心"和"五个基本点"。

"两个中心"：以学生为中心，以体验为中心。"两个中心"主要强调：一是尊重学生的主体地位。教师在进行课程设计时，内容的组织符合学生的认知规律，教学资源的选择要和学生的经验相匹配，搭建平台，给学生展示自己的机会，即教师是主导，学生是主体。二是尊重学生的个性发展，发挥学生的优势、特长。通过创设自由开放的学习环境，给学生更多动手实践和自由探索的空间，挖掘潜藏在学生身上的创新力，呵护学生的创造力。总之，强调一切为了学生，服务于学生的一切。

"五个基本点"：知识、联系、技术、艺术和自由。

（1）知识（Knowledge）的传播是根本。知识是智慧的基础，这里的知识指明述知识。美国哲学家波兰尼（Polanyi）将人类知识区分为显性知识（Explicit Knowledge）和隐性知识（Tacit Knowledge）。其中，显性知识是指用语言符号来表达的命题式知识，这些知识是创客教育实现的垫脚石。我们知道创造不是逼出来的，而是灵感的闪现，灵感的闪现是需要一定知识储备的，知识是内在的积淀，深厚扎实的知识是进行创新的基础和前提。所以我们只有将知识积累到一定程度，才能在变化中求得生存，如果我们基础没有做好，没有一定的知识积淀，创新只会流于形式而没有实质的意义。

（2）联系（Contact）是关键。联系的发生是思维养成必需的过程，学生只有意识到联系才能无限浪漫的遐想，为创造的发生做一些储备。意识到联系通过新旧知识的链接来建构自己的知识网络，通过知识梳理找到创新点。这里的联系包括两层含义：内容联系和过程联系。内容联系是指知识点与知识点之间的联系，过程联系是指形成内容联系的认知策略。也就是说教师在传播知识时要考虑知识之间的关联，还要考虑知识与掌握知识的学习者生活之间的联系。我们可以发现，能引起无意注意的大多是我们认知范围可以接受的，共同经验原理也告诉我们，学习是建立在一定的生活联系之上的。

（3）技术（Technology）和艺术（Art）辅助知识的产生，同样的内容，不同的设计选择不同的载体会产生不一样的效果。教师通过技术的支撑、艺术的点缀来构建属于自己的课堂，进行创新性教学。随着技术的不断更新，教师要了解学科前沿，理解新型技术特点，这对课堂教学有一定帮助。

（4）自由（Free）是整个过程中的导航，对唤醒学生的学习意识、激发学生思维起着关键的作用。教师设计课堂时，应多给学生一点时间，允许不一样的声音出现，为学生创设开放的环境，让学生自己去创造。

4. 教学评价

教学评价是对教学过程及结果进行测量，并给予价值判断的过程。教学评价主要从三个方面阐述：评价主体、评价方式和评价内容。

其一，创客式的课堂评价主体包括教师和学生。其二，评价方式主要包括教师评价、学生自主评价和守护者评价、专家评价。具体而言，在课程开始之前，教师可以和学生一起制定课堂表现评价参考，给学生一个督促自己的准则。对学生的学习成果，可以采用网络投递的方式，通过虚拟空间由大家一起投票。其三，评价内容主要参考能力指标体系进行，分析学生各方面能力表现，给学生一个客观的评价。

## 第三节　高校教育教学中创客教育模式的应用

目前，我国大部分高校积极发展创客教育和参加、组织创客活动，但由于每个学校的资源条件不同、重视程度不同、发展方向不同，创客教育发展情况存在较大差别。综合考虑各高校创客教育实施情况、创客教育的发展特点、研究案例的多样性等因素，下面选取 WZ 大学、ZS 大学 XH 学院两所不同类型、在创客教育发展方面具有特色的高校，作为国内高校发展创客教育的案例进行研究与比较分析，这可以在一定程度上增加高校创客教育案例的多样性，为其他高校发展创客教育提供借鉴。

### 一、WZ 大学创客教育发展分析

WZ 地区是我国创客教育发展的先行地区之一，在我国创客教育领域的发展中具有重要地位。WZ 中学 DF 创客空间是中小学创客空间的优秀代表，在全国范围内引起了学者广泛讨论和各所学校学习研究，使越来越多的人开始关注温州地区创客教育的发展。WZ 大学是一所地方综合性大学，学校始终以服务地方经济社会发展为己任，坚持基础研究与应用研究协同发展，积极融合地方元素，不断创新人才培养模式，积极进行创客教育和创新创业人才培养建设。学校将创客教育发展与学校创新创业教育发展相联系，大力培养创新型人才。

## （一）创客空间发展特色

WZ 大学创客教育的鲜明特点是注重学校创客空间建设，并在创客空间建设方面形成具有学校特点的管理方案。目前，WZ 大学各个学院积极建立各具特色的学院创客空间，表 4-1 列举了部分成立批次较前的 WZ 大学各学院（学区）创客空间。

表 4-1 WZ 大学学院、学区创客空间数量统计（含二级学院）

| 序号 | 学院 | 创客空间名称 | 申报批次 |
|---|---|---|---|
| 1 | 建筑工程学院 | I. D 创客空间 | 第一批 |
| 2 | 机电工程学院 | 智造空间 | 第一批 |
| 3 | 物理与电子信息工程学院 | 物华梦工厂 | 第一批 |
| 4 | 美术与设计学院 | 融艺优品创客空间 | 第一批 |
| 5 | 数学与信息科学学院 | 0＋1 创客空间 | 第一批 |
| 6 | 图书馆 | 造梦星球 | 第一批 |
| 7 | 溯初学区 | 温大自造青年 | 第一批 |
| 8 | 化学材料与工程学院 | 化·LIFE 创客空间 | 第二批 |
| 9 | 音乐学院 | 音乐创客梦想实验室 | 第二批 |
| 10 | 外国语学院 | 译心译意创客空间 | 第二批 |
| 11 | 人文学院 | 兆文智创创客空间 | 第二批 |
| 12 | 国际合作学院 | Open Runner 创客空间 | 第二批 |
| 13 | 商学院 | 融商空间 | 第二批 |
| 14 | 法政学院 | 方正创客空间 | 第三批 |
| 15 | 教师教育学院 | 博雅创艺空间 | 第三批 |
| 16 | 体育学院 | 运动家智慧体育 | 第三批 |
| 17 | 生命与环境科学学院 | L－Sci 梦想工厂 | 第三批 |
| 18 | 现代教育中心 | 智云教育创客空间 | 第四批 |

WZ 大学对各个学院、学区创客空间的建设有严格要求，每一个创客空间项目都要进行立项申报，在申报对象和申报条件中也有明确规定。其一，创客空间的名称建议使用具有学院特色的名称，创客空间的名称既应与学院专业特点相符合，也要满足专业人才培养的要求与定位。其二，创客空间实际场所必须至少能够容纳 5 支学生团队，且每一创客空间必须配有一名教师负责人和一

名学生负责人，负责创客空间的运行工作和日常活动事务，还需具有校内和校外的指导老师，能够对学生进行辅导。其三，每一个创客空间的项目建设周期通常为两年。为确保学校创客空间的建设质量，WZ 大学创业人才培养学院会对已经通过立项的创客空间进行中期检查和结项考核验收。中期检查主要是以现场空间考察的方式对创客空间的建设情况、取得的成绩和成果、存在的问题以及下一阶段工作计划进行检查。其四，要求创客空间在建设过程中每两周至少组织 1 次创客交流活动，每一学期至少主办 1 次面向校内外开放的活动，如相关的讲坛、沙龙等。同时，提倡建设网上虚拟创客空间，促进学生分享交流。其五，在最终验收考核前，创客空间需至少有两个学生团队参加创新创业比赛并获奖等。除此之外，WZ 大学积极鼓励每一个学院建立创客空间，尤其是鼓励有一定创新创业工作基础的学院进行申报，允许各学院部门整合科研平台资源、实验室资源等共同建设创客空间。学校要求各个学院集中资源力量建立一个创客空间，已经建立创客空间的学院原则上将不能再继续申请第二个创客空间。WZ 大学将创客空间作为各个学院创新人才培养、创新技术积累和创新创业孵化的集散地，致力于为学校培养创新型人才。

学校对立项通过的创客空间进行支持和帮助。首先，学校会对创客空间提供经费资助，用于学生活动过程中的经费支出。其次，学校积极提供政策支持，对参与的教师和学生进行绩效和学分激励。负责人和指导教师可按照校级项目计算育人工作量；在通过学院的审核之后，在创客空间的创新创业团队中的学生可按照校级科研项目成果计算学业表现，并可以享受学校相关学分冲抵的政策。最后，对于在创客空间中进行的团队项目，学校优先推荐参加各级各类大赛，优先对接各种基金，优先推荐学校的各级各类评审。

WZ 大学积极开展创客活动，2015 年启动 WZ 大学"创客学堂"活动，自启动以来，邀请创客导师、优秀学生代表和创业者为学生讲解创客知识、宣传创客文化，举办了创客分享沙龙、创业项目路演、创意制作分享、创意众筹等一系列丰富的创客活动。

（二）创客教育课程设置

WZ 大学将创客教育课程与网络课程相结合，面向教育技术学本科及师范生学生开设网络课程"教育技术学导论"，该课程主要讲解伴随媒体与技术发展而产生的新型教育技术，其中创客教育部分主要包括创客教育概述、机器人简介、3D 打印机简介、教育技术与创客教育发展四个主要方面。在学习过程中，学生需观看教学内容，积极参与讨论，并完成作业和互评等任务。成绩考核标准为考勤占 10%，课堂参与占 30%，作业占 10%，期末考试占 50%。

　　面向创客教师开设关于创客教育机器人设计与教学实践的网络课程，通过学习课程，教师一方面可以获得机器人教学活动设计技能；另一方面可以提高机器人设计与开发能力。该课程每周学时 1 至 2 小时，要求学习者具有一定教育学和心理学相关知识，熟悉机器人的简单编程，有一定动手能力，作业和考试均在网络进行。

　　从该课程的成绩说明表（表 4-2）中可以看出，课程成绩来源于 4 个项目，分别为课程讨论、模块测验、作业和期末考试，其中作业和期末考试成绩所占分值比重最大。另外，因为此课程为网络课程，所进行的学习活动体现网络化课程的特点，比如要求回帖讨论等。通过此课程的学习，学习者可掌握机器人教学的相关理论并学会如何自主设计机器人教学活动方案，对从事机器人教学的创客教师有重要的帮助作用。

表 4-2　创客教育机器人设计与教学实践课程成绩说明表

| 项目 | 分值占比 | 要求 |
|---|---|---|
| 课程讨论 | 20% | 每次课程结束后会指定讨论的题目，学习者需要在老师发起的"讨论活动"中发帖讨论，总回帖数量达到 20 次以上才能得到满分 |
| 模块测验 | 20% | 总课程一共进行 4 次模块测验。单次测验的总分为 5 分，题量为 5 道，必须在规定时间内完成。每次测验最多可以试做 3 次，取 3 次中最高成绩 |
| 作业 | 30% | 每次作业分值为 10 分，学习者需完成 3 次作业，并要求进行作业互评。完成互评的学习者将获得最后分数的 100%，未完成互评的学习者将获得最后分数的 50%，未参与互评的学习者将获得最后分数的 30% |
| 期末考试 | 30% | 学习者需要设计一套机器人学习活动方案，搭建完成一套乐高机器人模型。最终成绩根据作品成果给予评分 |

## 二、ZS 大学 XH 学院创客教育发展分析

　　ZS 大学 XH 学院有自己独特的创客教育理念，认为创意、创新、创造应贯穿于教育实践过程中；学生在大学阶段是思维习惯和人格行为养成的重要时期，应加大对学生创新创造力的培养；创客空间为学生提供了可以进行创意创新的实践场所，应充分利用，同时在实践的过程中要不断探索创客教育的可能性。

（一）创客空间发展特色

ZS 大学 XH 学院创客实验室又称 Fab Lab XH 创客实验室，面积约 300 平方米，室内配备有全新的 3D 打印机、激光切割机、雕塑机、刻字机、3D 扫描仪以及专用工作室等，且面向全校师生开放。创客实验室分为制作区和交流区两个部分：制作区是学生进行实践和研究的开发场所，学生们创意性的作品基本上在制作区完成；交流区里有专门的研修室和讲习堂，学生们可以在交流区中交流创意想法、进行思想碰撞，也可以进行培训、专题讲座等创客活动。2015 年 2 月 ZS 大学 XH 学院创客实验室通过美国麻省理工学院 Fab Lab 的审核，成为可以直接接受 Fab Lab 全球授课的高校。师生可以通过 Fab Lab 网络，与全世界的 Fab Lab 和创客们进行交流和学习。对学生而言，实验室通过麻省理工学院的平台与全世界的创客实验室链接，学生可以直接参加课题讨论，获取教育资源，得到更好的学习机会。Fab Lab XH 创客实验室让学生在创客学习的过程中，将学习过程从传统灌输式的模式变成主动探索的模式，让学生获得适应互联网时代的学习方式与能力。

ZS 大学 XH 学院 Fab Lab 实验室开展多种创客活动：各种技能水平的创客可以在其中的工作坊中学习技能；每周进行一次开放实验室活动，工作人员可以帮助创客完成创意项目；每周进行一次数字化制造车间活动，创客可以通过设计、打印想要实现的物品，体验 3D 打印过程。在创客实验室中，教师作为启发者和引导者教授给学生工具的使用方式、材料的特点和应用范围等知识，由学生进行作品的创新与创造。另外，实验室拥有的各种先进制造设备，可以为学生提供制造产品原型的创意平台，将技术与艺术专业、创意与实践相结合，学生们制作出了创意灯罩、带风扇的灯具、手工电吉他等具有创意的物品。学校提供资源，学生提供创意，促进了各项创意项目的实现，推动了学校创客教育的发展。ZS 大学 XH 学院创客实验室注重学生实验室的管理工作，其下设有一个学生组织机构，名为科创中心。科创中心不同于学生会、社团等其他校园组织机构，内部分为学员部和工作部。工作部平时需要参与实验室的系统工作，组织创客交流活动等；学员部人员无限制，创客和想成为创客的人都可以在实验室中创作出自己想要的作品。创客实验室周一到周五实行全天开放，从早上九点到晚上十点。创客实验室坚持对外开放，每天设有专门的对外开放时间，欢迎民众来到创客实验室展开交流以及使用创客实验室的设备和资源完成项目。

（二）创客教育课程设置

ZS 大学 XH 学院主要有两类创客教育课程。

一类是校内课程，开设跨学科创意挑战设计课程，具体如表 4-3 所示。学校开设跨学科创意挑战设计课程，课程面向所有年级的学生，不限制年级、专业，鼓励有创意想法的学生积极参加。每节课 50 至 60 人，学生以小组为单位，利用数字化生产设备将想法变成现实。该课程主要分为 AutoCAD 基础教程、实践基础课程、创意设计制作课程三个部分，通过该课程的学习，学生可以学习到关于 AutoCAD 基础和 3D 建模基础的相关知识，并能够使用 3D 打印机打印出自己想要制作的物品。

表 4-3 跨学科创意设计挑战课程说明表

| 课程名称 | 跨学科创意设计挑战课程 |
|---|---|
| 面向年级 | 所有年级学生 |
| 课程人数 | 每节课 50 至 60 人 |
| 学习内容 | 1. AutoCAD 基础教程：讲解设计过程中的需要的基础，以建模基础为主要内容。<br>2. 实践基础课程：讲解具体实践中物品的加工和工具的使用，以基础工具的使用和 3D 打印为主要授课内容，掌握数字化设备的使用。<br>3. 创意设计制作课程：讲解如何设计制作出自己想要作品。 |
| 考核说明 | 1. 课程结束后，学生以创意项目实践或创意项目竞赛的方式进行考核。考核分为任务和挑战两部分，第一部分对战团队互相设计作品，第二部分对战团队以自己的设计的作品给予另一方挑战，挑战内容是对项目进行改进和优化。<br>2. 最终成绩依据项目创作过程中团队学习记录和创意项目作品进行评定。 |

另一类创客教育课程为国际课程。美国麻省理工学院通过 ZS 大学 XH 学院的申请，可以共享美国麻省理工学院比特和原子研究中心（CBA）的 Fab Lab 课程，且 Fab Lab XH 创客实验室成为 Fab Academy 教学点，该课程在 2016 年正式开课。

综上所述，ZS 大学 XH 学院在发展创客教育过程中，以学生的兴趣为导向，依托本校的 Fab Lab XH 创客实验室，通过开设创客教育课程、参加创客竞赛活动、开发创客项目、加强国际合作，扩大了学校创客教育的影响力。ZS 大学 XH 学院在创客教育实践中，积极探求切合学校发展复合型应用型人才培养的创新方式，为其他高校创客教育的发展提供了经验。

## 三、两所高校发展创客教育的启示

### (一) 发展创客教育情况

下面从学校类型特点、创客教育课程设置、创客空间建设、创客教育教师类型、创客活动开展、发展创客教育特点以及发展创客教育共同点等方面对两所高校进行比较分析，如表 4-4 所示。

**表 4-4 WZ 大学、ZS 大学 XH 学院发展创客教育情况对比表**

| 学校 | WZ 大学 | ZS 大学 XH 学院 |
|---|---|---|
| 高校类型特点 | 地方本科院校 | 独立学院 |
| 创客教育课程设置 | 开设创客教育网络课程 | 校内课程：跨学科创意设计挑战课程<br>国际课程：Fab Lab 课程 |
| 创客空间建设 | 设立多个各学院、学区创客空间 | 建立 Fab Lab XH 创客实验室，作为学校开展创客教育活动的主要阵地 |
| 创客教育教师类型 | 学校教师、知名创客、创业者、企业人 | 学校教师、知名创客、创业者、企业人 |
| 创客活动开展 | 创客培训、经验分享会、创客比赛、主题沙龙等 | 创客培训、创客讲座、各类创客大赛等 |
| 发展创客教育特点 | 学院级创客空间现象，以各学院创客教育带动学校创客教育 | 创客教育国际化，通过 Fab Lab 网络，与全世界 Fab Lab 创客交流和学习 |
| 发展创客教育共同点 | 1. 学校积极响应，高度重视创客教育发展<br>2. 创建具有本校特色的创客空间<br>3. 研究开设本校创客教育课程<br>4. 创客教师类型具有多样性<br>5. 创客活动形式体现丰富性 | |

在学校类型特点方面，WZ 大学是地方普通本科院校，ZS 大学 XH 学院则是一所独立学院，两所高校创客教育的实施发展方式各有特色，通过对这两所高校创客教育发展情况进行分析，可以为我国其他高校创客教育的发展提供经验借鉴。

在创客教育课程设置方面，WZ 大学开设网络课程"教育技术学导论"，向学生介绍了"互联网＋"背景下新出现的创客教育等新兴教育的发展形式，面向教师开设网络课程创客教育机器人设计与教学实践，为创客教师讲解机器人教育课程的设计与开发，有利于创客教师的培养；ZS 大学 XH 学院创客教育课程分为校内课程和国际课程，其中校内开设选修课——跨学科创意设计挑战课程，不限制年级和专业，鼓励学生动手实践，培养学生动手实践进行创新的兴趣。

在创客空间建设方面，WZ 大学设立多个各学院、学区创客空间，ZS 大学 XH 学院建立 Fab lab XH 创客实验室。

在创客教育教师方面，由于创客教育教师的"短缺性"，目前各高校创客教育教师呈现"多样化"现象，创客教育教师有本校教师，也有外聘的知名创客、成功的创业者和企业人。

在创客活动发展方面，各高校积极组织、发展、参加各级和各类创客活动，创客活动主要分为两类：一类是校内创客活动，包括创客培训、创客讲座、创客经验分享会等；另一类是校外创客活动，主要包括各类创客大赛，各区、各校联合举办的创客活动等。

WZ 大学注重创客空间的创建，以学院带动学校，通过不断发展院级创客空间的方式发展创客教育。ZS 大学 XH 学院发展创客教育在我国高校中具有代表性，其 Fab Lab XH 创客实验室通过美国麻省理工学院 Fab Lab 的审核，成为接受 Fab lab 网络全球授课的高校，创客教育发展更具国际化。

综合比较，两所高校发展创客教育具有五个共同点：一是积极响应创客教育，高度重视创客教育发展；二是积极创建具有本校特色的创客空间；三是研究开设本校创客教育课程；四是创客教师类型具有多样性；五是创客活动形式体现丰富性。

通过对 WZ 大学和 ZS 大学 XH 学院两所高校的创客教育发展情况进行分析，得出关于高校发展创客教育两个主要方面的启示：一是创客教育具有重要的实施价值，在创客教育过程中应重视课堂的利用；二是两所高校创客教育的实施措施对我国高校发展创客教育策略的启示。

（二）实施创客教育的价值

关于高校创客教育的实施价值：实施创客教育一方面有利于提高学生的创新能力和学习能力，另一方面有利于服务高校的创新创业教育。

WZ 大学和 ZS 大学 XH 学院两所高校的创客教育为其学校创新人才培养

提供了新方式，即两所高校均开设了具有本校特色的创客教育课程，利于提高学生的创新能力和学习能力。课堂是学生知识获得和能力培养的重要场所，在创客教育课堂上，学生改变了传统的学习方式，是一种全新的教育体验。创客教育的目的在于培养学生提出问题、思考问题、解决问题和动手制作的能力。在整个学习过程中，学生通过探讨、交流和团队合作，在创作过程中不断进行反思和改进，学习能力不断提高。在创客教育的环境下，教师是一个引导者、启发者，摆脱了填鸭式、说教式教育，学生有机会进行自主探究和动手操作，发现问题、解决问题，也可以通过创客社区与其他同学或专业人士共同探讨问题的解决方案，强化学习体验。简言之，创客教育提高了学生用创新思维发现问题的能力，引导学生利用新技术、新思想推陈出新，勇于创新，激发学生的无限潜能和创造的活力。

和传统课堂相比，创客教育课堂是自由式、开放式、探究式的课堂，如表4-5所示。在上课的过程中，学生主要的活动是多动手、多思考、多分享交流，教师通过引导、辅助把握和调控课堂过程和学习进度。学生在开放式学习的过程中不断思考新问题、解决新问题，并通过反复实践将获得的新知识内化和巩固，这种真正探究式、开放式的学习方式是传统课堂所缺少和亟待解决的。创客教育的课堂将自由、实践、分享的创客式学习方式融入教学，改变了学生的学习方式，提高了学生的学习能力和创新能力。

表 4-5　创客教育课堂与传统课堂的区别

| 区别内容 | 传统教育课堂 | 创客教育课堂 |
| --- | --- | --- |
| 课堂中心 | 以教师为中心 | 以学生为中心 |
| 教学方式 | 灌输式 | 引导式、开放式 |
| 学习方式 | 听、背、记 | 做、想、说 |
| 教学特点 | 重视书本和理论 | 强调创意和实践 |
| 学习目标 | 知识 | 能力和知识 |

WZ 大学和 ZS 大学 XH 学院两所高校通过发展创客教育，在校园内营造了创客教育氛围，提高了学生的创新能力，培养了学生的创业意识，对于高校发展创新创业教育有一定的促进作用。由于高校学生的就业压力近几年不断加大，创客教育在培养学生创新能力的同时，也注重培养学生的实践能力、团队合作能力、创业就业意识等，对高校的学生创业就业有重要的促进作用。高校拥有工程训练中心、实验教学示范中心、科技园、图书馆等一系列智能化、数字化、网络化的教育基地平台，为在校学生进行创新实践、创业帮扶提供有力

支持。学校可将学生创新创业团队引入创客空间，加强专业指导，提升学校创新创业项目的质量，完善资源整合，加大帮扶力度，提升创业项目的孵化率。而学生创客的优秀作品与企业对接，便利了创客的成果转化机制，加速了创客成果的快速商业化和商业运营。高校是我国科学研究的主要阵地，拥有高知识储备的科研人员和大量的科研设备与平台，有着独特的创新创业优势，充分运用高校具有的知识资源与先进设备资源发展创客教育，激发学生的创新创业能力，服务高校的创新创业教育。

根据上述内容，WZ 大学和 ZS 大学 XH 学院两所高校为我国其他高校在发展创客教育方面提供了经验借鉴：其一，高校发展创客教育应积极加强对外合作；其二，高校创客教育发展方式应多样化；其三，高校发展创客教育应具有本校的发展特色；其四，高校发展创客教育应设置符合本校实际情况的创客课程；其五，高校创客教师可以具有流动性；其六，应重视学生和教师参与创客教育的积极性。

# 第五章　高校教育教学中的人本化教育模式

所谓人本化教育，就是以"育人"为本的教育。高校教育有很多功能，但其基本的应当是育人功能，学校应当把育人放在其工作的首位，做到"以人为本"，换句话说，教育要人本化，不要功利化、政治化、工具化。

## 第一节　人本化教育模式概述

### 一、人本及人本化教育的基本内涵

#### （一）人本的基本内涵

以人为本中的"人"总的来说应包括：人类存在意义上的人、社会上的人、具有独立人格和个性的人。"以人为本"中的"本"则主要有三层含义：其一，人应当是事物发展过程中或者改造过程中的主体。要突破人对人、人对物的依赖，在社会发展进程中进一步突出人的主体地位，强调人的主体性。而这里的主体，既是权利的主体，又是责任的主体。其二，把人的培养和发展看作一切事物的前提、目的、最终的本质和依据。加强对人的意识、人的观念、人的能动性、人的发展空间和维度的重视。把人看作一切活动的主体和承担者，把人理解为一切事物的根本和本质属性。其三，关注人的生活世界和精神世界，关注人本身的存在和发展的命运，关注人存在的价值以及价值的实现。

#### （二）人本化教育的基本内涵

人本化教育的基本内涵可以概括为以下几个方面。

第一，突出人的主体性教育，使学生主体地位能得以确定，培养学生的伟大志向，让学生既懂得享受学习，又懂得追求学习，培养主动型、自律型学习品格。发展学生个性，激发学生学习动机、进取动机，敢于追求卓越，勇于磨砺自身的自信型教育。

第二，优化教育环境，确立人的平等竞争地位，既要重视人格平等，又要推崇竞争公平，加强教育双方的沟通与交流，尊重个体性与群体性差异，孕育公平、公开、公正型教育环境。同时，还要造就一批具有创造灵性，具有模范带头作用的教师队伍，提高先锋人才队伍质量，保障教育基础环境。

第三，加强健全人格教育，以人格健康、道德健康作为教育人的基本点，弘扬仁爱教育、孝德教育、诚信教育、批评与自我批评教育，从而培养学生良好的人格道德情操，形成良好的学习、生活、交际习惯等。

第四，重视学生的心理调节教育，围绕学生的基本心理特点，探索心理规律，"对症下药""有的放矢"，培养学生不畏艰险、不怕吃苦、勤奋向上、敢于面对挫折和困难的心理协调教育。

## 二、人本化教育内容

### （一）人的信仰教育

人的理想信仰作为人发展的重要精神动力源泉，在人的全面发展中发挥着指导性的作用。它是我们团结一致、开拓进取的强大精神支柱和不竭的力量源泉，也是学生健康成长，把握正确发展方向，端正世界观、人生观、价值观的重要航标。而人本化教育就是要根据学生的认知规律、认知层次、认知特点，按照循序渐进、分门别类、有的放矢的基本原则，通过对大学生进行先进理论、科学理念、思想体系等的教育。要通过这种教育来解决大学生的信仰问题。坚定他们对马克思主义的信仰，坚定他们对党的信任，坚定他们建设中国特色社会主义的决心，坚定他们实现中华民族伟大复兴的信心，并自觉把自己的人生理想和追求同祖国的前途命运紧密结合起来，树立"先天下之忧而忧，后天下之乐而乐"的伟大情怀，为祖国奉献青春、奉献智慧，担当起历史的重要责任和使命，为实现民族的繁荣富强而谱写壮美的篇章。此时人本化教育的终极作用和教育内容的引导性也就能从教育本质上凸显出来。人本化教育既要培养学生的真才实学，又要培养学生的意志、品格、信仰、情怀等，因而信仰教育也必将成为其首要的基本内容之一。

## （二）人格品德教育

人格品德教育是高校教育最基本也极其重要的内容。人本化教育是顺应时代之举，是与时俱进的新思路，它的基本宗旨就是要教人做人、教人为人、教人成人。换句话说，它不仅要使学生学会做事，更重要的是使其学会做人、成人、做好人，这应当成为教育的崇高使命，也理应成为教育的真谛所在。因而可以说，加强人格品德教育是人本化教育的重要使命和必需的内容。人本化教育以"人格品德"为重点内容之一，宣扬做人应先做事，人性胜于灵性，情感应贵于智慧，成人重于成才。因此，在人本化教育中应该坚持：教育以人为本，做人以德为本，要成才，先成人，不成人，宁无才。有德无才要误事，有才无德要坏事。总之，人本化教育既要培养德才兼备的人才，又要培养有益、有心的人，致力于培养人的理想信念、人格修养、道德、责任。它承担着人格品德教育的重要使命，同时也灌注着新时期人格品德教育的新内容。

## （三）人的生命美学教育

生命美学教育的宗旨是让学生正确认识并实现其生命美感的形象和生命审美的价值。它是培养大学生具有健全人格、具有美好心灵、举止文明典雅的美学教育形式，其重要目的就是让大学生正确认识生命的美感，以及持有科学的审美价值观，教育学生善待生命、善待生活，树立正确的、科学的审美理念。这不仅是一种对思想的认知，也是一种对情感生命的是非判断，同时也是一种对精神生命的审美性，更深层次地体现生命境界的升华和生命历程的净化。人本化教育追求的正是要把人培养成为追求真善美相结合，能够对是非丑恶具有客观判断能力和审美能力的健全的人，因而生命美学教育也无疑成为人本化教育的重要内容之一。

在人本化教育中对大学生实行生命审美教育，就是要帮助青年学生具有认识美的觉悟、追求美的理念和创造美的能力。人本化教育中的生命审美教育：从理论来讲，是教育大学生运用生命审美的意识来维护和实现生命个体的崇高属性；从实践来讲，是教育大学生用生命审美的实践来实现生命个性的价值，从而使大学生的宝贵生命能抵御抗惊涛骇浪的袭击，能抵御不良风气的伤害。人本化教育中的生命审美教育是一种复杂和高级的精神活动，是极为艰苦和具有创造性的工作。

### （四）人的情感教育

人本化教育中的情感教育即人本化教育对象对教育者及其实践活动、对教育内容产生相应的情感体验的活动。积极有效的情感教育，表现为教育者与被教育者之间情感上的接近、尊重、信任，是教育双方对教育内容及其表达的教育目的的认同、接纳、追求与实践欲望。良好的情感教育活动为教育实践活动营造着积极的和带有催化性质的良好氛围。同时，这种情感教育活动的发生、进行，又是教育双方追求理想、相互促进、和谐共处的推动力，也是教育对象对教育内容知识型掌握向信念型掌握转化的中介。人本化教育的一个突出特色就是要对人晓之以理，动之以情，把健康的、丰富的情感活动注入教育双方的血液。可以说，情感教育既是思想政治教育的重要内容，也是人本化教育必须要首先处理好的基本问题，因为它贯穿始终，是人本化教育的重要环节。

### （五）个体满足教育

人本化教育基于个体发展与社会发展之间的相关性，同时考虑并满足个体与社会两个方面的需要。在其教育活动中，对教育对象的个体满足教育主要包括三个基本方面。第一个方面，人本化教育对教育对象社会适应需要的满足。就教育的价值角度而言，这也正是教育个体价值中内在价值所在。人本化教育对个体的社会适应需要的满足主要解决四个方面的问题，即使个体素质的思想维、情感维、能力维、行为维等达到相应层次和水准，比如说，个体对社会政策、法规、社会规范、道德规范等的掌握度和对知识层面的理性掌握，个体的社会责任感、爱国主义情感、集体主义情怀，教育对象对社会问题的认识能力、判断能力、抉择能力等，自身服务社会、实践社会的行为模式等。第二个方面，人本化教育对教育对象享受需要的需要。马克思主义曾把精神享受理解为精神消费，把精神消费作为人活动必需的要素统一于人的享受需要。而人本化教育是以实现人的物质与精神享受为目的的教育，不仅包括物质方面的享受，而且包括精神方面的享受。第三个方面，人本化教育有效结果对教育对象发展需要的满足。当某一层次需要得到满足之后，必然会有另一层次需要的出现，这成为个体行为的推动力和个体行为的目的指向。而人本化教育的另外一个有效结果就是要以人为中心，实现人的全面发展，既继承了马克思主义关于人的全面发展需要方面的重要思想，也贯注着新的思想内涵。在人本化教育中，强调当教育对象的需要和享受的更替性与发展性，也就是说当需要获得基本满足之后，必然随之产生更高一层次的需要即发展的需要。正如个体的社会适应需要的多样性一样，个体的发展需要也表现为多个棱面。人本化教育结果的个体满足性：主要通过教育者对受教育者在个体素质方面发展需要的满足而表现出来，主要表现为更广泛地实现人的发展需要，最大限度提高个体素质的培养，实现个体素质更高层次的精神境界的需要。总之，个体满足教育是人本化教育一个具有重要价值意义的内容。

## 三、人本化教育的特点

### （一）方式的针对性

以人为本是现代大学的教育哲学观，而人本化教育坚持了这一根本的教育观。高校坚持以人为本，就必须贴近实际、贴近生活、贴近学生，这是人本化教育实效性的关键。这要求我们在实施人本化教育的过程中，既要讲规律又要讲个性，还要充分考虑共性，对学生的认知水平、接受层次、心理特征及个性差异都要进行合理科学的分析和研究，教育的内容要带有层次性和特殊性，对特殊群体更应该选择适合于其发展的教育方式和方法，真正做到以理服人，以情动人，以实际行动感人；通过渗透和交流的方式，让学生自己在这种氛围中去体验和感受，最终潜移默化地体会到人本化教育的必要性和重要性。

对大学生实施人本化教育，既要遵循教育的规律性，又要遵循人本化教育的独特性，充分了解受教育者对人本化教育的认识程度、接受层次及接受人本化教育的心理特点。对人本化教育的内容选择要合理且易接受，对教育方式的选择也要针对大学生这一特殊群体，做到以理服人，以情动人，理论和实践相结合，通过渗透的方式，让学生自己体验和感受，在充满情感的需求中潜移默化地体会到人本化教育的必要性和重要性。例如，针对不同的学生的思想、学习和生活等问题，积极引导和教育，甚至可以在一定的条件下进行公益性讲座、培训，使学生调整好心态，尽最大可能减少心理压力，坦然去面对困难，迎接挑战。当然也要鼓励、督促他们学好技能，最大限度地发挥个人的潜能，立志为社会主义现代化建设贡献自己的力量，把教育工作落到实处。

### （二）过程的情感性

人本化教育的过程是一个晓之以理、动之以情的过程，也是一个讲道理、以理服人、以真情感人、以人为根本的过程。对大学生的人本化教育是复杂的过程，也可以说是一项系统的工程。人本化教育基于对个体内在的、心理的、直观的感受或现象，进行有针对性的教育活动；在教育活动过程中，既立足于客观实际教育活动的因素，也从不同的层面酝酿和谐的教育外在环境，整个过程是人性化的一个运作模式。从一定角度上讲，人本化教育的过程是一个富含情感的过程，也是一个情感交流的过程。

（三）对象的平等性

当代大学生自我意识增强，重视教育的平等性。在人本化教育过程中，教育者与受教育者在思想上和情感上处于平等交流的状态。这种双方关系置于平等位置的教育方式，造就了教育者与被教育者和谐的沟通关系和情感关系，让双方在一定认知和心理上产生共鸣，拉近了教育者与被教育者的距离，消除了两者之间的间隙，凸显了教育的互动性和人性化发展。此外，人本化教育的平等性还体现为日常生活学习中的帮助和重视，在互帮互助的情境中去表达对平等的追求，这一过程无不体现着、蕴含着平等性的特征。

（四）内容的匹配性

人本化教育十分重视教育内容与教育对象之间的匹配关系，因为这直接关系到教育对象能否接受教育内容，关系到教育对象接受教育内容之后能否形成教育目的所指向的个体素质，从而直接影响到人本化教育有效性的实现。这种教育内容与教育对象的匹配关系主要通过两个方面表现出来：一方面，教育者依据其深刻把握教育对象的既有现实状况与接受特点对教育内容进行规划与安排，实现教育内容由第一层面向第二层面的转化，达成教育内容与教育对象的匹配，提高教育对象对特定教育内容的接受能力与接受效果，促成教育有效性的实现；另一方面，教育者根据教育对象的既有思想状况及思想倾向，为实现特定的教育内容，以达成教育内容与教育对象的匹配，促成教育对象在教育内容的影响下形成教育目的所指向的个体素质，从而促成教育有效性的实现。这一意义上的教育内容与教育对象的匹配，犹如我们在日常生活中经常提及的"对症下药"。

（五）结果的完美性

人本化教育培养出来的人才一般具备如下特征：其一，有着坚定的理想信念；其二，人格素质得到显著提升；其三，人的智商情商全面提高；其四，追求卓越的心态平稳；其五，实现价值的动机明确；其六，经受挫折的承受能力增强；其七，认知意识不断强化。这种培养模式最终将使大量德才兼备、敢于创新、敢于挑战、敢于负责的高素质人才脱颖而出，为高校科学发展、和谐发展，为素质教育的全面实施注入强大的动力和力量源泉。长远发展的话，也必将全面提升中华民族的整体素质，实现中华民族的伟大复兴，实现祖国的繁荣昌盛。

## 四、以人为本的理论基础

### （一）马克思主义的以人为本思想

#### 1. 内涵

马克思主义的以人为本思想建立在唯物史观基础上，既体现了世界的同一，又体现了人与人自身的同一。这种同一内在的要求必须把人看作社会历史的前提和基础，并确认人是推动社会历史前进的决定性力量，一切从人出发，充分反映人的利益、愿望和要求，树立一切依靠人民群众的思想。马克思主义的以人为本思想是具有较强实践意义的唯物主义，对于科学理解"以人为本"的本体论意义指明了正确的道路；马克思主义的以人为本思想实现了科学理性与自然理性的有机结合，有效解决了人与自然的关系问题，从而深刻诠释出马克思主义的以人为本思想对"人的全面发展"这一终极目标的追求与探索，因为马克思主义的以人为本思想中的"本"就是本体论意义上的"本"，以"人的全面发展"为思考问题、处理问题的出发点。

#### 2. 特点

第一，实践范畴使其更具有本体论意义。马克思主义以脱离抽象还原自然的新角度看待一般本体论问题，人们在实践中认识实际规律的客观存在，尊重并利用客观规律的人就会成为实践的主人，成为世界之本。

第二，以人为本解决人与自然的关系问题。人的主观能动性使其成为自然世界、客观规律的探索者和利用者，人们在认识规律、掌握规律中积极改造周围的环境，使其最大限度地适合自身居住和发展，自然改造着人，人也在影响自然。可以得出，认识自然、顺应和利用规律就会使人成为自然的主人。

第三，以人为本体现出全面发展理论。马克思主义认为人是历史的创造者，也是社会进步的推动者。当社会进步、经济发展等外围因素快速发展的时候，人自然也会顺应时代的进步而全面发展，生产力提高和经济发展是无休无止的，人的发展也是无穷无尽的，人与自然发展之间是互为前提和基础的。

## （二）西方文化中的人本主义传统

西方人本主义的发展史基本可以分为古希腊哲人的人本主义思想、费尔巴哈人本主义哲学以及杜威的人本主义思想三个阶段。

### 1. 古希腊哲人的人本主义思想

古希腊的哲人在探究人与自然之间关系的过程中把人看作自然的一部分，人与神一起生活在自然环境中。虽然古希腊哲人在思想中还存有较强的迷信色彩，但是他们把人作为自然中的组成元素，并认为人与自然界是相互依存、相互独立的关系体，人本主义思想由此产生。随着公元前5世纪古希腊的繁荣，人本主义思想逐步走向成熟。

### 2. 费尔巴哈人本主义哲学

唯物主义哲学家费尔巴哈是德国资产阶级民主派的主要代表，其人本主义哲学起源于当时资本主义的发展使黑格尔的唯心主义哲学呈现出明显的滞后性，无法满足资产阶级进行斗争的要求，从而使唯物主义代替唯心主义成为必然。费尔巴哈人本主义强调以人和自然两位元素作为其哲学思想中的最高研究对象，而且自然环境自身具有很强的规律性和必然性，是人的生活基础，人来源于自然环境，与自然具有不可分割性，人以自身的角度去观察和认识自然，具有一定的主观性和创造性。由此，费尔巴哈人本主义哲学逐渐成为资产阶级与宗教神学进行斗争的思想武器，深刻揭示出人与自然的关系，使人本主义思想深入人心。

### 3. 杜威的人本主义思想

"以人为本"是支撑杜威教育教学理论的强有力基石，教育家杜威在教育目标、教育过程、教育价值以及教育范畴等方面积极探究人的主观能动性，体现出明显的人本主义思想，强调学习者的生命尊严、认知能力和发展潜能，主张为学习者构建互帮互助、共同学习、共同提高的交流与沟通平台，发挥学习者的认知积极性、主动性和创造性，真正让学习者成为课堂的主人、认知的主人。杜威认为教育的目的就是实现人的素质发展和能力提升，这种目的是师生作为教学角色而"内定"的，而不是外界强加的。杜威的思想为以人为本在大学教育中的应用提供了有力的实践和理论基础。

### （三）中国教育思想中的人本精神

在我国历史长河中以人为本、以民为本等思想早有记载，许多人在这方面都做了许多积极探索，可简单概括为以下几个方面。

#### 1. 古代教育思想：孔子的人本化教育思想

我国古代教育家孔子继承和发扬上古时期就有的民本思想，以仁政为民为基本政治思想，以博爱友爱为德育内容，以爱民富民为经济目标，以全面教育为教育主张。孔子的人本化教育思想继承和发扬殷商的民本思想，也对后世儒家思想的发展方向奠定了坚实的思想基础。在古时，孔子主张因材施教，根据学生的资质、兴趣为教学信息，提高自身教育教学行为的实效性，而不看重学生的阶级成分和贫富贵贱，从而具有强烈的人文主义色彩。同时，孔子还积极实行平等教育，无论学生的出身高低贵贱，都可以平等地成为其弟子。孔子提出"学而优则仕"建议也能够激发最大范围学习者的认知积极性和发展主动性，从而使统治者获得坚实的群众基础，也使普通人能够与达官贵族获得同等的发展机会，这种思想也体现出人本主义思想。在当今时代的大学教育中，"因材施教"等具有人本化教育思想的理论，仍然具有较高的实践作用。

#### 2. 近现代教育思想：蔡元培的人本化教育思想

蔡元培不仅是历史上非常著名的革命家，还是一位献身教学、建树颇多的教育家，他一生中锐意创新、大胆实践、敢为人先，并将自己的教育教学实践上升为许多经典的教学理论，直接促进了我国近代学校教育的大发展。蔡元培以人为本的教育思想主要表现在五育教育、女性教育、平民教育和教育独立方面，表现出蔡元培对受教育群体的认识与拓展。另外，蔡元培的"自由思想，兼容并包"的办学理念对于解决学生认知、释放课堂活力、提高课堂效果、实现学生全面发展具有非常积极的现实意义。

#### 3. 当代中国以人为本的理念

开始于1999年以素质教育为主导思想的第八次新课程改革有力拓展出解放学生手眼脑、交还学生话语权、实现教学人性化的新天地，更加凸显出以人为本、以生为本的先进教育教学理念。党的十六届三中全会也明确提出了"以人为本"教育理念指导学校教育、以实现学生全面发展为教育任务的科学发展观，深刻体现出社会主义的最本质的要求以及对社会主义社会建设的深层次认识。"以人为本"教育理念为我国教育提出了办学、治学的基本方针，强化了"以学生全面发展为本"的教育理念，有效促进了学校教育事业的科学发展。"以人为本"以受教育者的全面成长和快乐认知为最高教育目标，显现出党和政府对以人为本教育理念以及国民素质提升的重视。

## 第二节　高校教育教学中人本化教育的重要意义

### 一、有利于提升大学生素质

#### （一）引导大学生提高思想觉悟

大学生是社会进步、时代发展的承载者。大学生要具有较高的思想觉悟，具有高度的爱国主义、集体主义、社会责任感和担当意识等优秀品质，才能承担这一重任。"以人为本"强调大学生的全面发展，要实现大学生德智体美劳等方面的科学发展。在教学中融入以人为本理念有益于调动学生参与度。如在课堂讨论过程中大学生能够各抒己见、畅所欲言，充分表达自己对某一社会事件的看法，从而能够吸收他人的正确观点，获得思想觉悟提高的正能量；再如，在实践教学活动组织大学生开展社会实践中，大学生亲眼看到现实生活后能够增强其责任意识和担当意识、自我成长意识，有助于大学生思想觉悟的提高。实现大学生思想觉悟的提高是高等教育的教育目标，也是"以人为本"先进理念的核心内容之一。因此，坚持以人为本，有利于提高大学生的思想觉悟。

#### （二）引导大学生丰富知识素养

大学生肩负着推动社会进步和时代发展的重任，既要和大众一起创造出大量的物质文化产品，也为提高大众生活质量、提升大众生活品位做出卓越贡献。因此，大学生要博览群书、通晓古今，还要具有较高的专业知识，才能够在将来发挥自己的专业技能，并能够通过自己的专业知识走向事业的成功。基于此，教师要引导大学生在高校学习期间积极进行课堂学习和课后自主学习，为大学生安排仁者见仁、智者见智的时事问题，让大学生在课堂讨论中各抒己见。另外，教师要善于把握教育时机，引导大学生分析问题、解决问题、理论联系实际，提高大学生自主学习的能力；还要善于进行评价，全面、客观科学地分析和评价每一位大学生的见解，借助"言为心声"获取大学生的思想动态，为丰富和提高大学生的知识素养而提供针对性和科学性较强的教学策略。而以人为本中"因材施教"等具体方法，更有利于提高学生学习的积极性和创造力，从而引导大学生具有较高的知识素养。

### （三）引导大学生累积社会生活能力

"以人为本"先进理念不但要求和实现大学生的全面发展，还努力为大学生打造和拓展教育平台，在教育教学中从多方面开展教育，促使大学生的全面发展。课堂教学是大学生思想提升、觉悟发展的主阵地，也是教师完成教学任务、实现大学生健康成长的责任田，大学生在师生互动、生生互动过程中互通有无、沟通发展是课堂教学的有益补充。社会实践则是高等教育的重要组成部分，是学校组织大学生接受社会教育、开发社会教育资源、提高教育效果的重要形式。实际生活中，社会也是一所大学校，具有正能量的人物故事也能够对大学生产生较好的教育效果，而近在咫尺、耳闻目见、触手可及的教育素材能够对大学生产生课堂教学无法比拟的良好效果，是大学生全面发展、健康成长的宝贵资源。在多渠道的教育下，大学生不仅可增加专业素养，而且可增强社会生活能力、交流能力、学习能力、公关能力以及创新能力等，能够成长为社会生活的弄潮儿。

## 二、有利于教育工作者开展教育

大学生群体的复杂性是社会现象的简单缩影，也是大学生社会化发展的直接体现。基于此，教师应立足大学生群体的实际情况，采取一系列针对性较强的教育方式，让大学生在机会教育过程中亲眼看到亲身体验现实生活中的"不和谐现象"，以此激发大学生的同情心和自省心理，引导大学生自己定位和审视个人行为，从而能够取得较好的教育效果。另外，大学生虽已经成年，但一些行为缺陷也显现出大学生心智还不够成熟、孩子气的一面，这就需要教师"对症下药"，及时引导纠正。除此之外，大学生具有较强的可塑性和发展性，只要教师科学引导，就能够在机会教育过程中成为一个有爱心、有责任心的优秀人才。

大学生的心理的脆弱性和可塑性决定了此类群体需要更多的关怀和引导，以人为本的理念着重于关怀大学生的个人心理，可以有效且高效地对大学生加以教育和引导。

### 三、有利于激发大学生的成长意识

在以人为本教育理念指导下，教师尊重大学生在课堂教学过程中的话语权，给予大学生较多的参与机会、合作机会、探究机会，从而使大学生获得与教师积极互动、表现自我能力的机会和空间，这能够有效激发大学生的学习积极性、主动性和创造性。在大学生体验到课堂学习过程中的合作乐趣和成功喜悦中的良好情感刺激后，就会形成较好的自主成长意识和自律发展意识，非常有助于大学生的科学发展。大学生思想政治教育工作是复杂又庞大的人文工程，而教师的一切努力只有大学生产生主动吸纳意识后才有意义，因此在思想政治教育过程中激发大学生的自我成长意识成为当务之急。

在大学生教育教学管理过程中，教师不能只靠"强制管理"的方式去进行教育，这样的教育效果可想而知。大学生教育管理的最高境界是开发大学生内心的自律意识来代替他律方式，让大学生养成自己管理自己、自己约束自己的良好意识和成长习惯，此时教育管理工作自然就会势如破竹、一气呵成。因此，在大学生教育过程中必须实现"以人为本"，强化大学生在认知提高中的主体地位，激发大学生自主发展和自律成长过程中的积极性、主动性和创造性，真正激发大学生的自我成长意识，实现大学生的科学发展。

## 第三节　高校教育教学中人本化教育模式的应用

### 一、高校教育教学应坚持以人为本的思想

当前我国高校教育正处于变革转型中，既面临着难得的发展机遇，也面对着严峻的挑战，而以人为本是高校教育发展的必然要求和客观结果。众所周知，社会发展是离不开高等教育的。教育从本质上就是以人为本位的，从教育自身的特性来看，教育是使人促进自我完善的实践活动，教育实践活动必然是指向人的发展与完善的，在高校教育中本就应该坚持以人为本的思想。

（一）以人为本是高校教育的真谛

### 1. 人是教育的中心

人是教育的中心，也是教育的目的；是教育的出发点，也是教育的归宿。教育的本质是一种培养人的活动，而高校教育的实施者是教师，受教育者是学生，如果没有"人"，教育也失去了其价值和意义。以人为本的提出就要求高校教育要重新审视人的意义和价值，找回失落已久的人的本质，使高校教育真正成为"人的教育"，恢复高校教育的本真意义。

以人为本的高校教育不仅要坚持教育的发展为目的，也要尊重教育的规律，坚持教育的全面协调和可持续发展。无论从教育目的或功能，高校教育应该把以人为本作为高校教育教学中首要的指导思想、教育方针和基本原则。总之，高校教育不仅是教学生固有的知识和文化，更应该培养学生的学习兴趣，真正做到一切为了学生，为了一切学生，关心学生，培养他们的责任意识和社会意识。

### 2. 传统的教育观不符合现代教育

高校教育必须贯彻以人为本的价值原则，因为以人为本是培养人才的全面发展、构建社会主义和谐社会的基本前提和必要条件。教育是促进经济繁荣、社会进步和人性完善的手段，也是实现人的全面发展的基本途径。当前我国社会正经历着变革与转型，市场经济的负面影响和社会不正之风的侵入，使大学教育出现市场化的趋势，诸如"拜金主义""享乐主义""个人利己主义"等思想在高校教育中产生了不良影响。同时，一些高校存在着教育目标忽视学生的全面发展与个性要求，教育内容忽视社会与学生的实际需要，教育方式忽视学生的主体地位与作用，教育教学评价只见分数不见人文，校园文化缺失人文品质和人性熏陶等一系列缺点。在学校教育教学管理中，忽视学生和教师的主体地位和其他因素。

只重视传授知识，以知识为中心，忽视以人为本，忽视人的主体地位的教育显然是不符合教育的本质要求的。而如今提出的以人为本，正是对高校教育工作中的非理性因素做出方向性的指导。新时期高校教育教学必须把握以人为本的原则，努力促进教育在育人方面的作用，真正实现以教师为主导，学生为主体的和谐教育教学管理模式，提高教育质量和办学水平。在当今的高校教育中，只有坚持以人为本的教育理念，充分发挥大学生的主观能动性，尊重学生的自由选择的权利，才是真正回归教育的本质，才能真正实现教育的真谛。

（二）以人为本是时代的呼声与主题

1. 以人为本是市场经济的内在要求

随着经济全球化的深入发展，在现代社会科学和技术的迅猛发展形势下，国际竞争日趋激烈，社会主义市场经济建设不仅是一种经济改革，更是人们精神理念的升华，从而使人的发展成为最重要的问题。人的主观能动性是社会发展过程中的主要力量，社会的发展归根到底是人的发展，市场经济发展的根本意义是促进形成独立的个人，为人的全面发展创造必要的物质条件。在当今多元化的社会背景下，知识和技术更为突出，对人才素质的要求也越来越高，现在我国实行的市场经济能最大限度地发挥人的主动性、创造性和积极性。因此，在市场经济条件下高校教育的发展更应该注重个人价值的实现，在教育的各个领域都要体现以人为本。以人为本的提出对于高校的发展提出了理论创新，即高校在培养人才的同时，要坚持社会主义市场经济的价值，强调人的能动性和创造性，发挥人的主体地位。在此基础上形成的以人为本思想以人的发展为目标，也符合当今社会对知识和人才的需求与发展。

2. 以人为本是构建社会主义和谐社会的要求

构建社会主义和谐社会需要人来完成，人是社会的建设者和推动者，而以人为本正是建立社会主义和谐社会的本质体现。改革开放以来的现代化建设实践表明，只有以人的全面发展为价值目标，我国现代化建设的战略目标才能如期实现，社会主义制度的优越性才能得到充分体现。

知识经济的迅速发展使教育水平不断提高，人们的创新能力和潜力得到充分释放。现代社会发展形势下，必须使高校教育和管理坚持以人为本，使高校教育为国家经济建设培养更多的专业人才。高校作为社会的重要组成部分，对构建社会主义和谐社会有着不可推卸的责任。高校教育管理主要是通过对人的培养来促进人的发展和实现个体社会化，并以此促进社会的发展。总之，只有坚持以人为本，高校教育才能培养出和谐发展的人，进而对构建社会主义和谐社会的建设做出应有的贡献。

## 二、高校人本化教育实践内容

"以人为本"为大学生开辟出参与课堂教学、表现自我能力的实践机会，从而找到了师生合力完美结合的途径，也为大学生走出"被动学习、被动发展"找到了出路。

### （一）贯彻"以人为本"理念

大学生理解能力、推理能力和判断能力较强，如果教育教学工作不规范，课堂活动随意安排，评价标准不统一，大学生也会产生随遇而安、得过且过的心理，从而直接影响到学生教育工作的最终质量。因此，要加强以人为本理念课堂教学的实际应用，激发学生学习热情。

#### 1. 更新教学理念

教学理念是教师对课堂教学的集中体现，也是教师对课堂教学的看法和已经形成的基本态度，更是教师从事课堂教学的信念。教学理念因其内容方面的差异又可以分成理论层面、操作层面和学科层面，表现出既相互联系，又能够独立存在的理论体系。由于教学理念是教师进行课堂教学的导航仪，也是教师实施教育的指导思想，因此，教师应注意多进行理论学习，掌握以人为本理念的高层次营养，并结合自己的思想教育实际实现理论指导实践，逐步提高高校教育教学的人性化、实效性和最优化，为大学生构建出真正的、主体认知的课堂，有效释放出大学生的认知潜能和发展本能。

在教育过程中，教师要利用现代教育教学理念武装自己，积极学习国内外先进教学理念，主动实践和探究一些全新的教学模式，构建新型教学平台，"亲其师而信其道，践其言而行其效"。在以人为本教育理念的指导下，教师能够尊重大学生的"生命权利"，主动为大学生构建人性化、互动化和参与化的课堂教学环境，积极缩短大学生与教师的心理距离，不仅能强化自身言谈举止对大学生的影响，更可规范一切教育教学行为，有条不紊地安排课堂教学活动，并且用教师强大的人格魅力和教育素材中的正能量共同促进大学生思想觉悟和道德意识的全面提高，大幅度提升大学生的精神境界，同时也构建出良好的师生关系。

教育过程是师生之间心灵撞击、情感交融和呼应的过程，情感交融和呼应离不开平等、真诚、相互尊重和关爱。教育是一项伟大的情感工程，没有情感的教育是失败的。只有借助情感的能动和催化作用，受教育者才会愉快主动地接受教育。其中，爱心教育是现代教育理论应用于课堂教学的新型教学模式，是一种体现以人为本思想的教学平台。没有人会拒绝来自别人的关爱，大学生也是这样，教师要在学习上关心大学生，在生活上照顾大学生，在思想上体贴大学生。教师要做大学生的良师益友，与大学生手相牵、心相连，以朋友的身份引领大学生一起学习和发展，和大学生一起体验成长过程中的喜怒哀乐，构建出良好的师生关系，使思想教育工作的高效开展成为必然。

以上都是以人为本理念的具体体现，通过此类理念的实践，可以加强学生与教师在课堂内外的联系，以促进教学工作。因此，加强教师教学理念更新有其必然性，理论的完善可以更好地指导教学工作。

## 2. 优化教学原则

首先，以公平公正为本的原则。在教育工作过程中，教师要秉承公平公正的原则，全面推进平等教育和素质教育，不放弃任何一个大学生，让所有大学生都有机会参与课堂教学，并能够成为课堂学习的主人，真正实现大学生的全面发展。具体而言，教师在处理大学生思想问题过程中要公正地对待每一位大学生，客观公正地分析问题的来龙去脉，以良师益友的身份面对每一位大学生，耐心地、毫无成见地处理大学生的思想问题，不能歧视任何大学生。

其次，共性教育与个性教育相结合的原则。大学生经常遇到相同的成长困惑，需要教师给予类似的帮助。教师在教育过程中要善于总结大学生的共性问题，将具有普遍现象的共性问题通过集体讨论的方式进行解决。但要注意，处理个性问题时不能使用集体讨论这一方法，个性问题只能个别对待、区别处理。个性问题具有一定的隐私性，其中谈心是教师在思想教育工作过程中经常采用的工作方法，是师生之间推心置腹、开诚布公地进行思想交流的有效手段。

最后，显性教育与隐性教育相结合的原则。课堂是大学生教育教学的主阵地，是教师直接进行显性教育的责任田。在大学生教育工作过程中，教师的教育意图非常明显，教学行为的指向性也比较强，一切都是为了大学生能力和知识的提升。大学生具有非常敏感的内心，能够对外界事物及其氛围产生积极的反馈，在潜移默化中接受外界施加的积极影响。

## 3. 改进教学方法

教学方法是教师在教育理念指导下在课堂教学过程中所采取的一系列教学

策略，换句话说，教学方法是教学理念的具体展示，是教师为完成教学任务而主动实施的教学技巧。因此，教师在课堂教学过程中要注意教学方法的针对性，要符合大学生身心发展特点和认知规律的主体要求，主动成为大学生在学习与生活过程中的良师益友，通过构建良好的师生关系与大学生共同学习共同成长，为大学生的科学发展创设科学化的成长环境。

另外，由于现代大学生个性张扬、思想开放，对于新鲜事物的接受能力较强，且大学生在身心发展方面已经成熟，具有较强的理解能力、逻辑思考能力和认知能力，说明新时期大学生教育教学就应该带有较强的时代特色，传统落后的枯燥说教形式难以激起大学生的求知欲望和自主发展的积极性主动性。因此，教师在课堂教学过程中要正确理解和运用教学方法，这对于更多更好地培养人才具有重要意义。

综合而言，教师在教学方法方面要突出以人为本，满足大学生思想发展的主体要求，可实施如论坛式课堂讨论、多媒体教学基础上的主题讨论、以情景剧为基础的情境教学和生活化教学，为大学生构建参与化、互动化、合作化和探究化的主体认知课堂，体现以人为本的教学理念，真正实现大学生的全面发展。

### 4. 完善教学过程

教学过程，即教学活动的展开过程，是教师根据一定的社会要求和学生身心发展的特点，借助一定的教学条件，指导学生主要通过认识教学内容从而认识客观世界的过程。大学生来自千家万户，所拥有的家庭成长环境千差万别，因而大学生的价值取向和思想意识自然也会大相径庭。大学生群体的多样性是思想教育工作的最大挑战，教师要注意强化教育过程的完善，提高教育工作的针对性，促进不同大学生群体的全面发展。

### 5. 强化教学评价

教学评价是教师或学生对被评价者进行的主观评判，能够对被评价者起到评定和引导作用。在实际教学中，教师要通过教学评价引导大学生进行自主学习、合作探究和创新发展，还要通过多元评价给予大学生的主动学习全方位的评价信息，不仅要有教师评价，还要有生生评价，更要有自我评价，真正将课堂学习归还给大学生，让大学生真正成为课堂学习的主人，全面激发大学生在课堂学习过程中的积极性、主动性和创造性，焕发出大学生所固有的认知本能和创新潜能，有效促进思想政治教育工作的最优化发展。

此外，在教学过程中，教师的教学评价应该充满人文关怀，既充满关切之情，又能够从大学生的身心发展特点和认知规律出发，实现合情合理的教学评价，用自己的评价语言肯定大学生取得的成功，从良师益友的角度指出大学生思想发展过程中出现的不足以及形成原因，站在大学生的立场上考虑问题、分析问题和解决问题，真正发挥教学评价的积极作用。

（二）阶段性实践教学

大学生是优秀文明的传承者，肩负着建设祖国、服务人民、贡献社会的神圣使命，需要经历一段任重而道远的百炼成钢之旅，因而大学生教育工作要拥有分阶段、有层次、循序渐进的培养过程，确保教育教学的实际效果。

1. 前期制度教育

大学生思维活跃、个性开放，一些大学生的制度意识可能不强，因而培养他们的制度意识是教育教学的第一步。为此，教师可以从大学生遵守班规班纪的意识开始进行教育。首先，组织大学生商讨本班的班级公约，并以此作为全班学生的行为规范，班级公约对本班的任何人都具有约束力。其次，组织班委会实现本班学生的日常管理，由班长领导班委会成员一起讨论决定本班学生思想问题的处理。最后，淡化班委会的日常管理功能，强化大学生的自我管理，实现自律成长和自主发展，激发大学生的主动意识、实现教育目标。

没有规矩，不成方圆，让"有所为"和"有所不为"在大学生的思想中牢牢扎下根，拥有判断是非对错的科学标准。因此，在大学生教育工作的前期应该以制度教育为主，让大学生知道哪里是禁区。制度教育能够培养大学生的制度意识和法律意识，使自觉守法成为可能。

2. 中期养成教育

意识在于培养，习惯在于养成，大学生良好的思想意识取决于教师在潜移默化中的养成教育。

第一，在制度的执行中要坚持以人为本的原则，充分尊重学生的主体地位，激发大学生在思想发展和觉悟提高过程中的积极意识，培养大学生对制度主动悦纳的良好情绪，消除大学生对规章制度的逆反心理和抵触情绪，引导大学生理解规章制度对个人成长和社会和谐的积极作用，从而使得刚性制度柔性化和趋于人性化，能够加速规章制度对大学生个人行为的影响，使遵守制度逐渐成为学生的自觉行为，引导大学生进入自律成长的良好状态之中。另外，由于大学生的身心发展已经成熟，教师可以引导大学生在各抒己见、畅所欲言中交流思想、沟通认识，实现集体学习、共同发展。

第二，通过一系列教育活动让制度成为大学生头脑中的"火车道"，让大学生自觉按照火车道的指引而健康成长、快乐生活。制度教育由于内容较多而略显繁琐与说教，只有通过课堂活动让大学生在活学活用中使用制度、掌握制度、内化制度，才能够真正让制度意识"存活"于大学生的思想之中，使大学生的言谈举止、待人接物等社会交往行为符合制度要求和法律允许。

### 3. 后期竞争教育

大学生思想开放，活泼爱动，表现欲强，喜欢竞争，适合教师开展竞争教育。为此，教师可以开办"时代精英大比拼"活动，激发大学生的效仿意识和竞争意识，积极向楷模学习，在自律与自纠中发展自己，并在日常生活中注意寻找"展现人性本善"的机会，主动帮助他人，努力做一个对社会有益的人。竞争能够强化大学生自我发展的动力，能够加速大学生的个性成长。

此外，大学生不但需要课堂活动帮助大学生"消化和吸收"制度内容，还要进行一系列的竞争活动，使大学生教育工作得到再重复和再强化，真正使大学生的遵纪守法成为一种自觉行为，从而实现大学生教育工作的最高要求。总的来说，竞争教育组织大学生利用已经学习的思想政治教育常识进行学习比赛，有利于激发大学生的学习热情和积极性，大幅度推进大学生对思想政治教育的深入探究与思考，而且在比赛、讨论中能够表现和交流彼此对于制度的感知，从而有利于教育效果的提升。

## 三、高校人本化教育实践原则

教学原则是为教育目标服务的，教育目标又离不开时代未来发展的要求。新时代要求高校培养的人才是朝气蓬勃、敢于负责、有独立见解和创造精神，懂得怎样同别人配合并且能承担更大任务的人；在德、智、体、美、劳诸方面能生动活泼地、主动发展的人；是那些符合并践行教育的"三个面向"要求的人。但要想把大学生培养成能反映出时代特点的具有更高层次人生境界的新人，就必须以大学生的自身生存意义、个性发展需要和主体性特征的弘扬作为教育的出发点和归宿点，在教育教学中坚持实践性、主体性、开放性、人文性、批判性等基本原则。

（一）实践性原则

教育是培养人的实践活动，也是为人的价值和人的现代化而服务的。而人的价值就在于人的实践能力（通俗地讲就是人的整体素质高低）的大小及其对象化程度与水平（即对社会的作用与影响）。人本化教育教学的目的就是促进人的自我发展和自我完善，实现"价值人"的现代化。研究马克思主义思想可知，强调"人"作为主体的实践性是马克思主义的根本特点之一。在我国社会主义市场经济体制确立之后，市场经济将为每个人的自然需要的满足提供同等条件和机会，在这一实践过程中为满足人的价值需求而激发出来的主动性、创造性、竞争性等积极进取的一面，无疑是人性解放的重大进步表现，这不仅符合人性的价值目标，而且也是历史的必然。为此，我国必须立足于当代社会实践和高校教育的具体实际情况，积极构建人本化的教育教学理论体系，使人本化教育成为我国高校教育实践领域中的一种观念形态和"人"的现代化的精神动力。

（二）主体性原则

主体性原则就是把学生作为教育活动中的自觉能动的主体，是通过创设和谐、宽松、民主的人本化教育教学环境，培育和发展受教育者的自主性、能动性、创造性等一系列的主体性特征来实现的。在人与环境的复杂关系中，人既是受动的，又是能动的。但只有"人"才能积极能动地作为主体来自觉地利用环境、掌控自己，使自己和环境有机融为一体。由此可见，只有从人的主体性存在、活动和发展出发，理解人与环境的关系和人在环境中的地位，才能真正理解人对环境的自觉能动掌握和人的主体能动性。所以，人本化教育教学的核心所在就是增强学生的主体意识，塑造学生的主体人格，发展学生的主体能力[①]，最终实现学生与自然的和谐统一、学生个体发展需要与社会发展需要的辩证统一。尤其是在人的主体性的弘扬已成为时代精神内核的今天，教育者应如何根据大学生的主体特点创设人本化的教学方式、教学方法、教学模式？教会这些即将投身于国际、国内市场经济大潮中的作为自身和环境主体的大学生"学会认知"（learning to know）、"学会做事"（learning to do）、"学会共同生活"（learning to live together）以及"学会生存"（learning to be）的技能，已成为迫切需要解决的问题。

---

① 张天宝：《试论主体性教育的目的观》，《教育理论与实践》，1996 年第 6 期，第 5～6 页。

### （三）开放性原则

对外开放是我国长期的基本国策。当前，我国已经形成了多层次、多渠道、全方位开放的新格局。开放型社会需要具有敏锐的观察力、准确的判断力、开放型思维和多维智能结构的人才；需要能在这样一个信息瞬息万变的社会中，用新思维方法对信息进行及时捕捉、筛选、吸收和运用的人才；需要能适应开放型政治体制、经济体制和开放型生活模式的人才。因此，在我国社会生产力高速发展和社会全面进步的大好形势下，在"以人为本"的时代背景下，我国高等教育改革势在必行，急需要树立开放的教育观念，选择和探讨人本化的教育方式和方法。

### （四）人文性原则

在"以人为本"的今天，使个人成为具有人本精神的独立主体，在我国已成为势不可挡的历史趋势。而教育人本化乃是敞开学生内因大门的一把金钥匙，能使学生主动积极地把外部的东西转化为自己主体内部的东西。现代教育背景下，我国高等教育教学应按照人文性原则，立足现实、面向未来，在对传统的"人本"教育思想进行批判和继承的基础上，积极推动我国高校人本化教育教学的实施。

### （五）批判性原则

从古至今，许多教育家对"人"的教育、人生的意义和价值进行了探索，并提出了许多合理的、至今仍有启发意义的思想观点。例如，我国的"天地之性人为贵"，"天人合一"的天人观；"民为邦本，本固邦宁"的民本主义；"天行健，君子以自强不息"的人生态度等，都体现了中华民族精神，我们应进一步地继承和发扬。而对那些"礼不下庶人，刑不上大夫"的特权思想，重人伦轻自由、重群体轻个体、重平均轻竞争的教育思想则是应予剔除的糟粕。在国外，古希腊的"认识你自己""和谐发展"的教育思想，近代西方自然主义和人本主义关于人的自由发展以及以平等、博爱为中心的人道主义，启蒙运动思想家自己的"理性王国"等，都无疑包含着积极的因素。不过，西方所讲的"人"，实际上是在个人主义和自由主义主导下的资产阶级个人。在此基础下，我们可以借用其他优秀国家发明的手段和方式，但要注意的是不能借用表现出别国特征的体系。正确的做法是应该用"古今中外法"，本着吸收、使用、批判、发展的教育主导思想，把外国的变为自己的和中国的结合起来，以及在现时的条件下，在具体的环境里，应用它来产生、创造新的东西。

综上所述，现代人本化教育教学思想是不断形成的，它注重学生个性交往、情感交流、独立创造等活动；它以学生个人价值的实现、情感体验的满足、创造力的激发为教学宗旨；注重课程设置的主观价值、人文知识和道德价值等；教学活动注重教师"教"的启发和引导，学生"学"的体悟和领会。尽管由于政治的、经济的、文化的和宗教等因素，人们对人本化教育观褒贬不一，但无论如何，当代的一系列教育改革运动，诸如"创造教育""差异教育""合作教育""非指导性教学""和谐教育"等，无不从人本主义那里吸取了丰富的养料。

# 第六章 高校教育教学模式创新建议

## 第一节 高校教育教学中 MOOC 模式的创新建议

高校 MOOC 教育教学模式是一种混合式教学模式，而建设与推广混合式教学，对深化高校教育教学改革、实现优质教育资源共享以及促进教育公平有着重要的意义。在教学实践基础上，通过借鉴 cMOOC 和 xMOOC 的经验，提出转变教学观念；管教学协同努力，形成共建合力；重视教学内容的分解设计，完善教学评价；提升师生交流互动水平；精制教学微视频；优化教育资源配置，搭建人本化教学平台等方式来优化混合式 MOOC 教学模式。

### 一、优化高校教学管理体系

混合式教学模式的实施，有赖于管理部门、高校教师与学生三方协同努力，形成共建的合力。为此，需要进一步优化高校管理的体制机制、强化教师队伍建设，以此来提升学生的参与度。

#### （一）优化管理体制机制

传统课堂教学中，教学活动是在高校内部封闭运行的，与其他高校基本没有交集。而混合式教学模式的实施，则牵涉高校教师、学生、教室、教学信息的分配与安排，表明混合式教学模式的有效运行，需要进一步优化高校管理体制机制，使成员高校能够协同参与，共同深化高校教育教学改革。

1. 理顺高校间的关系

混合式教学模式需要高校间成员的协同参与、教学点间的相互配合，才能有效地运行。由于高校成员均处于平等的地位，保持着相对独立性，因而建立一个由各成员高校组成且认可的统筹机构，对教学的质量、实施和发展作统筹决策与监督。各成员高校的管理部门与统筹机构进行工作对接，有针对性地在课程中心平台和学校教学管理平台间搭建起有效的信息传导路径，理顺沟通渠道，并形成相关的制度文件，使信息在高校间可以顺畅地收发，降低沟通成本，提高教学的运行效率。

### 2. 高校内进行分工协作

混合式教学模式需要高校内各部门的分工协作，才能保证各项业务顺利开展。鉴于混合式教学具有从纵向上跨高校，横向上跨部门的特性，这就需要在高校内成立一个统筹部门，一方面与成员高校成立的统筹机构进行对接；另一方面，明确校内各部门的职责，并协调部门间的工作，保证教学的有效运行。同时，混合式教学模式的开展包括教学研究、教学管理与技术支持三个方面。基于此，高校需要对原有的教学管理系统进行有效的调整改造：由教学研究部门负责教学设计、团队建设、助教培训的工作，由教学管理部门负责教学安排、组织选课、信息发布、成绩转换的工作，由技术支持部门负责教学视频拍摄与制作、课堂直播、网络传输、教师保障的工作。部门间分工协作，共同保障教学的有效开展。另外，由于教学管理部门对教师和学生直接负责，管理难度与工作量都大大增加，所以需要高校充分了解并重视教学管理工作，加大资源投入力度，使更多的教师与学生参与其中。

### （二）强化教学团队建设

混合式教学模式的运行，需要由课程负责人、主讲教师与助教三个部分组成的教学团队共同完成。因此，强化教学团队的建设是混合式教学开展的关键。要强化教学团队建设，就要做到以下几点。

### 1. 树立共同的目标

教学团队必须明晰共同的目标，并将共同目标分解成每位成员的个人目标，同时成员间要形成认同感和归属感，从而实现团队与个人的共同发展。混合式教学模式的目标是实现教育资源共享，培养复合型人才。高校教学团队制定不同阶段的建设目标，明确团队的教学建设任务，并定期更新计划，引导团队逐步完成教学目标。

## 2. 明确分工和通力合作

混合式教学包括教学资源的数字化、微视频的录制、教学内容的发布、教学进度的控制、线上线下的讨论、师生的互动、作业的公布与评价以及教学考评等环节。这就需要团队成员进行明确分工,各司其职:课程负责人与主讲教师主要负责教学内容的建设、教学设计、直播课中的互动与讨论课中的组织点评等工作,助教负责参与教学准备、维持教学秩序、承担教学事务、促进师生沟通、答疑解惑、监督学习、优化学习环境等工作。另外,高校通过制定相关的工作规范,明确工作职责,做到有章可循,有章可依。

## 3. 遴选课程负责人

课程负责人是课程的主要决策者,它在很大程度上影响着教学的质量。因此,课程负责人需要从学术水平高、教学经验丰富、教学效果好、得到学科同行认可的教师中选拔。此外,由于课程负责人还是整个教学团队的带头人,影响着教学的有效贯彻落实,因而,他还需具备感召力、影响力、沟通协助能力、创造力。高校一方面可以从现有的学科带头人、明星教师中遴选课程负责人;另一方面,可通过实施"名师培养计划",以建设"优质 MOOC"为抓手,树立优秀的教学典范,培养高水平的教学团队带头人。

## 4. 建立多元化的主讲教师队伍

生源水平的差异性与教学的统一性之间的矛盾,影响了混合式教学模式的质量。基于此,首先,教师可以根据不同层次学生的特点,调整教学内容和设计教学方式,以满足学生的需求。其次,教师可以先尝试使用或观摩其他教师的使用情况,进一步提高创新的可试验性和可观察性。再次,通过搭建跨校合作教学平台,共享教学微视频、教学课件、教学讲义、参考资料等教学资源,分享教学心得,实现教学层面的跨校合作。最后,通过培训学习,提高教师队伍的信息素养和熟悉教学模式,以更好地保障教学的有效运行。通过多元化的主讲教师队伍的建设,进一步优化与充实师资力量,为学生提供更具个性化的教学。

## 5. 建设高素质的助教队伍

混合式教学模式具有教学模式新、教学互动性强、教学点设置多等特点,主讲教师面临比传统课程更为繁重的教学压力。因此,为减轻主讲教师的教学压力，有效开展教学活动，提高学生学习体验度，建设一支高素质的助教队伍是十分必要的。同时，高校还需要重视助教队伍的地位与作用，具体措施如下：

在选拔方面，结合专业性与敬业性、固定性与流动性相结合的原则，在课程的学科专业相关的研究生、高年级优秀学生、年轻教师中选拔并组成助教队伍。在培训方面，主讲教师需要向助教们详细介绍，使助教们熟悉教学的内容与相关要求、时间节点、授课对象的特点，在思想上形成统一，在行动上予以重视。在实际教学中，许多与教学有关的教学活动需要在教学平台上进行，主要由助教负责。因此，需要请技术支持部门的工作人员对助教进行培训，以提高其信息素养。在职责方面，结合课程的具体特色，制定切实可行、行之有效的助教职责，并进行明确的分工，引导助教开展工作。在奖罚方面，制定绩效评估制度，做到公开透明、奖罚有度，充分调动助教的积极性。综合而言，打造一支专业能力强、服务水平高并且相对稳定的助教队伍，能促进混合式教学模式的有效开展。

（三）提高学生参与度

混合式教学是以学生为中心而展开的，它的有效运行，有赖于学生的积极参与。提高学生参与度主要有以下几种方式：一是高校通过加大宣传力度，让学生更加了解这种新型的教学模式，并明晰教学要求，使学生更好地进行教学活动；二是通过学习交流会、经验分享会等方式，与学生分享学习的经验；三是通过举办信息化学习培训、分享相关资料等方式，提高学生的信息素养，让学生能更好地参与到在线的学习活动中。

通过高校、教师与学生的协同努力，形成共建的合力，共同保障混合式教学模式的有效开展。

**二、改革教师教学理念**

（一）转变教师教学观念

混合式教学模式的应用与推广，改变了课堂教学模式，转变了师生的角色。高校需要打破高校间的藩篱，紧紧围绕立德树人作为教育的根本任务，共享教育资源与提高教育教学质量，实施价值塑造、能力培养、知识传授"三位一体"的教育。而其中教师作为混合式教学模式的实施主体，决定了混合式教学模式应用与推广的成效。教师亟须转变角色，以学生为中心重构教学内容与设计课堂教学；而学生亟须提高自身的信息素养，使自己转变为主动的学习者。这需要高校、教师与学生对混合式教学模式有更深刻的认知与理解。

为此，需要加大混合式教学模式的宣传力度，具体方式：一是鼓励教师与学生在课余时间，学习 1～2 门的 MOOC，体验 MOOC 的学习乐趣和熟悉 MOOC 的学习方式；二是将混合式教学模式的相关资料分发给教师学习，并通过经验分享会、专题研讨班等渠道，为教师就相关事项答疑解惑，深化对混合式教学模式的理解；三是依托国家级教师教学发展中心，定期召开 MOOC 建设教师研讨会，邀请国内知名的 MOOC 建设专家学者来校与教师进行研讨；四是通过遴选的方式，开设若干门示范课程，使师生真切体验混合式教学的魅力，在积累相关教学经验的同时，树立教师讲课的信心；五是通过微信、微博及 QQ 等社交渠道，分享 MOOC 的最新资讯，拓宽师生了解 MOOC 的渠道。

## （二）提升交流互动水平

师生的交流互动是混合式教学的重要部分。在交流互动的过程中，激发智慧的碰撞与增加师生间的情感交流，促进知识的内化。为此，就需要着眼于教学安排、教学策略与教学艺术水平。通过教学安排的优化、教学策略的多元化与教学艺术水平的提高，提高师生的交互水平，促进师生的情感交流，提高学习体验感。

### 1. 优化教学安排

在实践中，如果混合式教学安排缺乏合理性，就会弱化学生的积极性，降低师生的交互水平。为此，需要对教学安排进行优化：一是合理安排参与学生。将同一学校或同一层次的学生安排在一起上课，使教师能够设计和编排符合该层次学生的教学内容和教学方式，使教学更具针对性。二是灵活调整线上与线下的学习时间。按不同课程的教学需求，凝练教学内容，适当减少线上学习时间，增加面授课时，促进师生交流互动。三是优化课程学分规定。通过完善课程学分规定，使共享课程的学分能够切实等价转换为各成员高校的学分，并减低学生选课的随意性，提高学生出勤率。四是提高面授课的质量。结合线上的教学内容，制定相关的讨论主题，增加讨论的系统性和层次性。为学生提供若干个思考方向和切入点，使学生的思想能够碰撞在一起。五是切实提高组织讨论的水平。有效地组织讨论活动，使学生能充分表达自己的见解，从而促进学习效率与理解水平的提高。

## 2. 丰富教学策略

混合式教学模式中，线上学习经常使用传授式教学策略，明确教学目标，组织、提炼教学内容，安排教学顺序，指导学生学习，达到传授知识的效果；线下学习则常用小组协作学习的策略，通过讨论、辩论、完成项目等教学方法，促进知识的内化。然而，较为单一的教学策略难以满足不同类型课程的教学需求。这就需要采用多样化的教学策略，以适应不同课程的实际需求，提高教学质量。

第一，运用精加工的策略。教师在主题教学微视频开始时先提出问题，接着利用明确的描述性语言指导学生，并利用这一主题的微视频分步骤解决这个问题。学生了解学习目标，促使学生对问题的解决产生吸引力。采取这种教学策略的重点在于：每一小步都需要符合学生的认知水平，并为学生提供带有一定难度的内容，以调动学生的积极性，发挥其学习潜能，为超越其最近发展区而达到下一发展阶段的水平，然后在此基础上进行下一个发展区的发展。

第二，运用抛锚的策略。教师先为问题创设实际的教学情境，利用可交互练习要求学生回答，并且问题均不设正确答案的，给予所有学生回答问题的统计数据，使学习者自己进行对比，引发学习者思考。每阶段的学习完成后，让学生对相应的题目再进行回答，并与之前选择的答案作比较。最后，再将正确的答案与详细解答反馈给学生，帮助学生更好地理解教学内容。

第三，运用合作式的策略。教师为学生制定学习目标与任务，并提供微视频、辅助资料等教学资源。教师组织学生组成学习小组，利用所提供的与网上搜索的资源，进行探究性学习，并共同完成学习任务，最后将学习成果进行展示。这种合作式策略的运用，符合互联网时代的学习要求，促使教师与学生间互联互通，相互学习，并弥补面授机会的不足所带来的情感缺失。

通过结合不同学科的教学需求，灵活运用教学策略，以激发学生的学习热情，调动学习积极性，使学生由"要我学"转变为"我要学"。运用多样化的教学策略，可提高教学者与学习者交流互动的水平，以取得教学相长和情感交融的效果。

## 3. 提升教学艺术水平

由于在线学习过程中，学生与教师并非直接面对面的接触交流，而是通过预制教学微视频进行自主学习。这就需要教师提升教学艺术水平，营造一个包含教学、表演与情感的学习氛围，以保持学生注意力和激发其学习兴趣。这种教学艺术需要将传授性与教学性、表演性与实践性、情感投入与行为表现相结合。

具体而言，教师可以通过采用启发式的问题和情境设计，创设虚拟的思维对话的空间，引导学生进行同步思考，吸引学生的注意力；可以采取故事叙述的方式讲授知识内容，增加课程的新颖性，以引人入胜的方式提供想象的空间，实现学生的自我建构；根据教学的情境，对自我形象进行管理，使学生感知并非自己独立的学习，以便更好地与学生进行互动和情感交流；还可以通过积极且富有感染力的教学情感态度，进行良好感情沟通，调动学生的积极性。

提升教学的艺术水平，能够更好地提高师生间的交互水平，克服在线学习中教与学的异步所带来的情感缺失，为学生在线学习提供更为真实的学习环境，以激发其学习积极性与主动性。

## 三、重视教学内容设计

### （一）重视教学内容的分解设计

教学微视频内容设计的关键是教学内容的分解设计。从微观而言，教学内容的分解设计即知识点的划分设计，而它科学性的程度影响着教学微视频的效用水平。高校应灵活运用多元化的评价方式，运用教育分析技术，实现个性化教学，激活学生的学习兴趣，提升学习体验度。

#### 1. 知识点划分的基本原则

知识点划分的基本原则：一是遵循一般教学规律，满足教学的需求；二是保持知识体系的完整性与统一性；三是确保知识内容的意义性，以持续激发学习者内驱力。在碎片化学习的需求下，还需注意以下几点。

第一，知识内容的知识点化。教学微视频需要满足碎片化学习方式与学习情境的需求，包含"短、小、精"的知识内容。因此，它需要以一定的模式和方法进行分解设计。在满足知识内容体系化与微型化的情境需求下，对知识内容进行基于知识点的分解设计，使每个微视频均为相对独立的知识点。

第二，知识结构的松散耦合化。知识内容是给予一定的结构体系，但它的结构并非固定的。知识内容的结构与体系会随着不同学科的特性而有所不同。为实现教学的重构，构建开放、动态与个性化的教学，在设计教学内容时，需要注意到知识结构的松散耦合化。另外，教学内容是相对独立的，同时又以一定的结构关系、合理的关联而构成，以保证教学内容的模块化和关联化。

第三，知识点的可重用性。教学内容的分解设计考虑其可重用性，以促进教学资源的建设。在领域知识本体库上，可重用知识点建立一种更细粒度的可重用知识对象，使知识共享处于领域本体库知识点上，以提高教学设计和开发效率。知识点是一种独立的、可重用的教学构件，每门课程包含教学目标和支持其学习目标的若干知识点，知识点均来自领域知识本体库。

## 2. 基于知识点的内容分解与关联设计

教学内容分解设计是对知识点的划分和设计。在分析教学目标和学习者特征的基础上，进一步分解与明确教学子目标，依据子目标确定知识点内容，从而将教学内容分解为一系列的知识点。一般而言，知识点粒度越小，所包含的知识容量越少则微视频时长就越短。

第一，基于教学目标的内容分解。教学内容的分解方法决定着教学微视频之间的结构关系。依据教学目标将教学内容分解成知识点，保证教学内容的完整性与有效性，教学内容分解可以采用的方法包括：一是归类分析法。首先确定教学内容的类别，再将教学内容按类别归纳成若干教学主题，从而确定教学内容的结构和适应范围。这种方法适合于教学内容逻辑层级不严密的课程。二是解释结构模型法。首先抽取教学内容的核心概念或理论，围绕核心关键词展开成相对完整的知识圈。这种方法用于分析和揭示复杂关系结构，可将系统中各要素之间的复杂关系分解成清晰的多级递阶的结构形式。教师通过知识图谱，串联各个知识点，使知识点碎而不散，让学习者对知识内容形成更为直观的认识。三是层级分析法。这种方法是一种用来揭示教学目标所要求掌握的从属技能的内容分析方法。对于学科知识结构严密，并且知识内容具有明确层级的课程可以采用此种方法。不同层次的知识点，难度等级各不相同，基础性越强的知识点，难度等级越低；而越是在上层的，难度越大。

第二，知识点的关联。依据知识的性质，可将知识点的类型划分为原理类、概念类、程序类和事实类知识点。基于知识点的教学设计使课程表现为一个知识点网络。但要注意，在强调知识点内容独立性时，还要确保教学内容的逻辑性和完整性。知识点的关系主要包括层次关系、并行关系、前驱关系和关联关系：一是层次关系。知识点可以由若干元知识点聚合而成，知识结构中的各知识点之间呈树型结构。层次越高，涵盖的内容越多，所表述的内容越抽象；而层次越低，部分性越强，所表述的内容越具体。二是并行关系。知识点之间是一种弱连接。一般在教学内容较为发散、结构逻辑性不强的课程中，知识点之间会呈现这种关系。三是前驱关系。知识点在学习过程中具有一种必然的先后关系。在学习某一知识点前，必须先学习相关的另一知识点，这两者之间的关系为前驱关系。四是关联关系。关联关系揭示了知识点之间存在着网状结构，指出知识由一组相互联结、相互作用的结点组成。关联关系有利于对知识的融会贯通，形成知识点网络。

将教学内容进行分解与关联，有利于为不同层次的学习者提供个性化学习路径，对教学内容进行重新的分流与组合。随后，学习者完成测试并达标后，可直接进入下一部分课程的学习，提高学习的个性化水平。

## （二）精制教学微视频

在线学习以教学微视频作为主要知识载体，因而教学微视频的制作质量和授课形式对学习效果有重要的影响。为此，需要精制教学微视频，并灵活运用多种授课模式，以提高学习兴趣。教学微视频的精细化制作，有赖于教师与专业技术团队的共同努力。

### 1. 建设专业的技术团队

教学微视频从前期的拍摄到后期的剪辑，都需要专业人士的技术支持。基于此，高校可以与相关的专业机构合作，并派校内的信息技术部门共同组成制作团队，为教师提供技术支持。制作团队与教师共同制定视频制作的标准规范，在制作授课录像过程中形成流程化的发布范式，为后续教学视频录像提供经验。同时，制作团队对教师开设培训班，讲解制作标准、说明注意事项并吸收教师的建议。

### 2. 知识内容的表征设计

在信息技术环境中，人们通常运用文本、图形、声音和视频等多种符号，形成图文声像并茂的表征。多种表征符号给学习者提供多种感官的综合刺激，有利于学习者通过不同方式理解同一事物，提高汲取知识的速度和利用知识的效率。

知识内容的表征设计主要指利用多媒体元素符号（如文字、图片、声音、动画）及元素符号之间的组合呈现和传递教学信息。事实上，同样的教学内容以不同的方式呈现，其效果也有所不同。因此，教学微视频知识内容的表征设计，需要符合学习者学习认知规律和减轻学习者认知负荷。

第一，基于学习认知的知识内容表征策略。基于学习认知规律的知识内容表征策略主要包括：一是根据一致性原则，视频中不含与知识内容无关的文字、声音、视频等；二是根据空间和时间临近原则，屏幕上的文字与其相对应的画面需要邻近呈现，知识内容若包含词和画面时，应该同时呈现；三是尽量使用图片化语言，减少工作记忆的负担，减少学习障碍，优化学习过程。

第二，基于减轻学习者认知负荷的知识内容表征策略。通过合理的知识内容表征减轻学习者的认知负荷主要包括：一是减少外在负荷。排除无关的文字、图片和声音。在利用动画时，直接讲述知识内容，无需添加字幕。二是减少内在负荷。使用文字加上图片，而不是单独使用文字，也可以把文字和视觉类信息放在一起，同时呈现文字和图片。

### 3. 视觉呈现设计策略

视频的视觉设计对视频的应用效果产生着直接影响。目前，教学微视频中主要采用改良三分屏式的授课形式为主。这种授课形式具有多样性、灵活性、组合性的特征。而有效的视频视觉呈现能促进学习者对知识内容的认知加工与意义建构，提高视频资源的可用性。

第一，改进授课形式。根据不同的教学内容，采取合适的授课形式，以提高学习兴趣，更好地调动学习积极性。在混合式教学模式中，改良三分屏式为主要授课形式，因而对该授课形式进行升级改造，能够更好地提升教学微视频的质量。

其中，改良三分屏式的设计需要做到以下几点：一是通过镜头、场面和段落的分切和组接，对素材进行选择和取舍，以使表现的内容主次分明，达到高度的概括和集中。二是引导学习者的注意力，激发联想。表现每个模块内容的镜头按一定的顺序组接的镜头，能够规范或引导学习者的情绪和心理，启迪观众思考。三是创造独特的影视时间和空间。在影视节目中，每个镜头都是对现实时空的记录，经过剪辑又可以实现对时空的再造，形成独特的属于该影视内容的时空。

此外，各种类型的知识需要采用不同的授课形式：动作操作类知识一般可用改进三分屏的方式进行授课；操作性的实践知识可用虚拟仿真，如软件工具的学习、程序语言的学习；动作技能类知识可用实景讲授，如舞蹈类、体育类、书法类；以语言传递为主的事实类知识可采用课堂讲授与改进三分屏的方式。

第二，改良视觉页面形式。进行符合学习者视觉习惯的设计，使其学习注意力投入教学内容中，需要做到以下几点：一是页面的整体与局部设计。着眼于页面的整体设计，页面内容主次的把握，明暗度的调和，使页面的视觉各要素之间形成恰当、合理、密切的联系，带给学习者和谐完美的美感。二是对比与平衡的设计。对比可以使主体更加突出、形象更加活跃，产生强烈视觉效果，还需合理把握页面内容的形式、排列、分布的均衡。

## 四、完善教学评价方式

教学评价既可以用于衡量学生的学习水平，也是教师调整教学内容与设计教学方式的重要依据。教学评价贯穿于教学活动中，引导着教学的开展。通过运用学习分析技术，调整教学方式、建立学生档案袋、丰富教学评价方式，从而促进教学评价的优化完善，进一步满足学生个性化发展的需求。

### （一）运用学习分析技术

利用学习分析技术，收集、测量、分析与报告学习者及其学习情境的相关数据，对学习者的学习结果进行评估，从中发现学习中潜在的问题，并能对学习者行为进行预测。它有效地克服了传统课堂教学中收集学习数据的困难。同时，通过学习分析技术，为教学的改善与调整提供依据，并促进学习环境的优化。

第一，改善教学过程。通过学习分析技术及相关分析工具，对学习者登录的次数、频率、时间及周期，看微视频时的停顿、反复、有选择性地观看，使用讨论区时看帖数、参与讨论次数、讨论深度，点击课程内不同模块、不同页面时的频率、时间点、页面间的跳转情况等学习数据进行收集，从而形成学习日记，并对其进行分析，使其转化为有效的学习信息。教师可通过学习信息的反馈，了解学习者的学习习惯与学习经历，及时调整教学的策略，优化教学的过程。学生则能够跟踪自身的学习进度，并及时发现与改善不良的学习行为，提高学习质量。

第二，优化学习环境。通过学习分析技术收集、分析与研究学习者有关下载、标注、观看、阅读等行为信息，与测试成绩、作业分数等结果型信息，将学习者分类，并为学习者推荐合适的学习资源，以提高自身的学习效率，提供个性化的学习。

总之，通过对学习者活动数据的统计分析，教师可以及时修订课程，发现学习者经常关注的资源，以便对学习者感兴趣的学习资源加以丰富，对不感兴趣的资源进行删除，以此来优化学习网络空间。

### （二）建立学生档案袋

学生档案袋详细收录了学习者的学习完成情况、作业、作品、所获证书、教师评价等学习信息。它是学习者进行自我评价的主要数据来源，便于学习者进行自我指导和自主学习。同时，它为学习者提供了学习整体进度与每个视频、学习任务的要求进度，并及时更新进度记录与展示，使学习者能够随时监控自己的学习情况，提高学生的学习积极性，增强学生学习的成就感。

### （三）丰富教学评价方式

现代教育背景下，传统的以分数高低作为评价标准的总结性评价已满足不了学生个性化学习与发展的需求。高校通过引入附加值评价与"自身进步"等多种教学评价，调动学习的积极性，满足学生个性化学习的需求。

第一，附加值评价，亦称增值评价。它是一种确定一定时期内学校教育活动对学生预期成绩间增加的价值所进行的评价方式。通过这种方式可以将学生学业成就的增值与教师的绩效考核相联系，使教师专注于提供更个性化与优质的教学，促进教学质量的提高。

第二，"自身进步"评价。它将学习者自身的进步情况作为评价标准，分析现阶段与前一阶段自身发展、进步情况与存在的不足，使学习者可以更加清楚地认识到学习的价值，调动学习的积极性，并有针对性地对自身的不足进行改善，以提高学习质量。

丰富教学评价方式体现出以学习者为中心的理念，有利于满足个性化教学的需求，提高学习的积极性。

## 五、搭建人本化教学平台

优化教育资源配置以实现优质教育资源共享，是实施混合式教学模式的必然要求。它通过搭建人本化的教学平台，增强学习体验感，提高学生参与度和学习积极性，促进学习行为的发生。

## （一）优化教育资源配置

### 1. 增加课程有效供给

现阶段，大部分高校共享课程的数量远不能满足学生的需求。为此，需要在严格把关课程质量的前提下，增加课程的有效供给数量，拓宽课程的来源渠道。具体可通过以下方式：一是将合作高校自愿提供课程改为主动提供课程，鼓励各成员高校建设一批有学科和专业特色的课程。二是有效盘活现有教学资源。对现有的精品课程、视频公开课、精品资源共享课进行改造升级，把教学质量高的课程纳入共享课程，增加课程的数量。三是加强与国际高校和MOOC平台的合作，共享优质教育资源，将满足要求的MOOC进行本土化改造，并引入高校课堂教学。例如，为国外的MOOC增添中文字幕与中文版的辅助资源，使学生更容易于投入学习。

### 2. 充实教学场地资源

教室资源不足主要体现为高质量的沉浸式教室与实践场地的欠缺。为此，需要在扩充教室资源的同时，借助技术手段，充实教学场地资源。具体为：一是加大资金投入力度，为各教学点的教室进行升级改造，使其达到沉浸式教室的建设标准，提高师生的互动水平；二是增强与医院、科研机构、工厂等单位的合作力度，扩充实践场地，使学生能够在真实的场地进行实践活动，提高学习体验度；三是建设虚拟和仿真实验室，使学生在线上也能完成实验操作，减少对实体教室资源的依赖。

### 3. 加大教育信息化建设力度

借助数字校园建设的契机，加大教育信息化建设力度。夯实信息化基础建设，普及建设高速校园网络及各种数字化教学装备，完善信息网络，促进数字教育资源共建共享，推动信息技术与高校教学的深度融合。总之，通过提高信息化水平，提高学生在线学习与线下互动的便利性，促进学生自主学习、自主管理、自主服务，调动学习积极性。

### 4. 促进优质教育资源社会化

高校在建设MOOC的同时，需要注重优质教育资源的社会化，即应将教学效果与运行良好的MOOC适时向社会推广，使人们能接受优质的教育，做到以文育人、以文化人，提高国人素质。与此同时，高校在教育资源社会化的过程中，收集各类学习者的学习数据，以优化 MOOC 教学模式，形成良性的循环。同时，以建设 MOOC 为契机，向世界推广中国文化，彰显中国的软实力。

（二）建设人本化教学平台

在线教学平台是进行教学的虚拟场所，也是教师与学生进行交流互动的支点。建设人本化的教学平台既要满足体现教学实用性的要求，也要满足师生使用便利的需要。因此，需要提升信息化技术支撑水平和优化网络课堂设置。

1. 提升信息化技术支撑水平

提升信息化技术支撑水平，有利于提高在线学习的实用性水平。可以通过以下几种方式进行：一是增强网络平台界面的友好度，及时修补系统漏洞，优化在线学习环境；二是建立教育资源共享平台，使教师和学生能够随时共享相关的学习资源，分享学习心得，促进学生进行探索性学习；三是建设贴吧式的讨论区，让学生能够根据不同主题的帖子，进行有针对性的互动讨论，增加学生参与讨论的选择性。

2. 优化网络课堂设置

优化网络学习课堂的设置，有助于提升在线学习的便利性和可操作性。可以通过以下几种方式进行：一是制定清晰的学习指引，明晰每一个模块的作用和操作说明，提高学生自主学习的能力。二是明晰学习进度设置，对超过进度的学生可以给予奖励。而对落后于进度的学生，可以在一个合理的时间内，以邮件、微信、教学平台等方式，提醒学生及时完成学习任务。三是完善评论区设置，解除回复的字数限制，并去除无效的评论，选择有价值的评论进行展示。四是对教学微视频按内容命名，对较有价值的辅助资源进行标识，方便学生搜索资源，提升学习体验度。

目前，中国高校实施的是一种混合式教学实践模式。借鉴与吸收 cMOOC 和 xMOOC 的实践经验，并针对混合式教学中存在的不足，可以采取转变教学观念，管、教、学形成共建合力，重视教学内容的分解设计、完善教学评价，提升交流互动水平，精制教学微视频，优化教育资源配置，搭建人本化教学平台等措施，促进教学模式的优化与完善。

## 第二节　高校教育教学中创客教育模式的创新建议

根据前文创客教育教学模式的研究分析，下面将高校创客教育的教学优化措施分为四个层面进行阐述：首先，通过完善组织机构的管理和运行体系两个子维度来达到组织层面维度的优化；其次，通过完善创客教育课程体系、组建多元化创客教育师资队伍和举办实践教学活动三个子维度来达到运行层面维度的优化；再次，通过从政府、社会和高校三个主体高位协调推进，建立多方协同育人机制三个子维度来达到保障层面维度的优化；最后，通过建立创客教育多元评价体系和完善创客教育师生激励机制两个子维度达到评价层面维度的创新优化。

### 一、创客教育教学组织层面创新优化

#### （一）完善高校管理体系

创客教育实施的前提要素是建立一个完善的组织管理和运行体系，而体系的建立则需要确定的组织框架、组织制度和一定数量的教职人员加入。在此暂且将这个组织机构命名为创客教育管理机构，创客教育中的日常理论教学、实践实操、学科竞赛活动都离不开创客教育管理机构的组织和管理，这个机构既要完成一个普通学院的教务工作，还要负责与外界政府、企业、社会组织对接，形成多方联动机制。具体如下：

在组织机构的建设方面，部分高校主要依托图书馆建立实体创客空间，还可以建立网络平台的虚拟创客空间来建立创客空间，在教学组织上实现虚实结合。实体创客空间在创客组织层面可以随时提供一些创客课程和实践活动，并且由专门的创客老师提供项目指导和孵化；而在虚拟网络平台上可以促进创客们进行各种创客项目、资料、成果等的交流和分享。

在组织机构的管理方面，首先要明确行政主体，明确组织机构由谁来管理和领导的问题，这个问题可以借鉴国内外其他高校在创客教育教学管理方面优秀的经验。不少高校都试图将原来冗杂的教学管理模式简化，建立新的创客教育管理制度，从高校的校长至从事授课的创客教师都有各自负责的管理层面，顶层管理与基层管理相辅相成。还有多数高校通过线上 OA 及时沟通创客教育

中的问题和完成事项的审批，较传统的教学管理方式效率大大提升。其次是确定职能与运行规则，保证创客教育教学的管理协调稳定和有序。在创客教育的组织定位方面，强调管理组织不仅是对教师在授课过程中的教学质量管理，还需鼓励教师研发新的创客教育教学资源、教学方法，开展可提升学生创新思维的课后活动，并把这些举措进行标准化的量化考核，两者缺一不可。

（二）优化组织机构的运行机制

在高校，创客教育管理部门是新兴机构，其组织机构较传统的教学机构承担了更多更新的工作。基于此，目前多数高校采用的是抽调其他学院管理人员或以兼职形式完成创客教育的教学管理工作，这些举措虽然解决了创客教育管理人员的编制问题，但实际参与管理的人数和投入工作的有效时间并没有明显增加。而且组织机构的运行中常因为管理人员的双层身份给教学管理带来一些弊端。

实际上，组织机构的优化是将具体任务细化，成立具体的执行部门，共同完善创客管理中存在分工不明确、权责界限不分、教学管控难以实施、教学评价主观化等实际情况。打造强有力的运行机制的重点是人员配置上做到专人专管，组建分工明确的部门，形成高效有力的管理制度，具体为：专人专管是指创客教育的管理者是独立的部门负责人，代替以其他部门员工兼职的形式，从全局管理本校的创客教育组织、实施、考核，对接外部事项；组建分工明确的部门，是指创业学院内部要有教务科、实践科、学工科及办公室等实际部门，保障日常教学任务和创新创业活动；高效有力的管理制度可以保证日常工作有制度可循，场地、经费、用品的使用合理合规。教育的各项工作组织部门可以包括综合科、教务科、科研科、实践科、外联科。综合科，主要管理组织内部各项事务，做好后勤保障等行政事务；教务科，负责日常教学计划的编制与管理、教学效果的评价与监督等；科研科，负责创新创业新方法、新技术的研究，创新项目的申报，科研活动的组织等；实践科，负责实践活动的组织，实践场地、设备、材料的保障，创新创业活动的策划和组织等；外联科，负责校企合作的洽谈，对外项目的沟通合作，联动协同，创新成果的转化等。最后，组织运行机制的优化还需要大胆创新，持续改革，简化办事流程，提高办事效率，提倡无纸化办公、线上审批、网络会议，真正让创客教师将更多时间用于实践教学。

## 二、创客教育教学运行层面创新优化

### (一) 完善创客教育课程体系

创客课程是创客教育生态的重要组成部分,是推进创客教育"落地"的重要抓手,也是新课程改革的重要方向和推进动力。目前,创客教育的已有课程多数为各自学科专业课程的融会,主要是创业学院的学生可以学到来自多个专业的课程,但是这种学习方式很多时候会导致学生的知识点较杂,课后不能合理消化,甚至产生适得其反的效果。因此,开展创客教育的课程建设,优化课程大纲、内容,引入 MOOC 等第二课堂等教学方式,是创客教育活动中最为重要的一环,也是改善创客教学中"教"与"学"的重要方法之一。

#### 1. 引入创新创业课程

创新创业课程是一项"综合创新工程",包含教材、教案、教学设计及实践等的创新。创新创业课程又有广义和狭义之分。广义来说,是指以培养学生创新创业应用能力的各项常规课程,包含艺术设计、计算机、电工电子、3D设计与打印技术等;狭义来说,是指以培养信息技术与互联网相结合的创新创意素质的课程,包含 Java、Arduino、Phython、STM32、Web 及 Visual Studio 等高技术条件课程。可以说,创新创业课程的核心是跨学科、智能化和软硬件结合。创新创业的课程涉及专业门类广,牵涉多个学科教师,其课程方案的制定需要集思广益,权衡课程之间的必要关系,选出"精课",排除"水课",课程的引入既要具有科学研究性,又要有学习乐趣性,还要灵活多变,满足不同层次学生的学习需求。

#### 2. 优化课程大纲

创客教育的课程开展多在课余时间,其教学课时量有限,课堂上教师对课程内容的讲授时长必定需要压缩,需要对课程大纲内容进行优化,提取适用于创客教学的章节知识点重点讲解。首先,创客教育的课程大纲可以结合传统课程的特性和创客教育的教学需求,把重点知识点梳理后加以项目式改造,改造后的课程大纲重新设计了课程体系,引入应用性强的教学内容,使得学生在课程学习过程中强化学科知识、提升创新能力、开拓创新思维;其次,合理设置理论课时、实践课时、讨论课时、习题课时的占比,创客教育课程是非考试课程，习题课时可以不设置，实践课时和讨论课时应较常规课程适当增加，而非应用型理论课时应减少；最后，课程大纲的制定者需要把握全局，在精选课程内容的同时，注重不同课程之间编排的时序性。创客教育的课程内容虽是多学科交叉，但是课程开设的合理顺序对于架构学生的创客思维和创新能力方面也会起到辅助作用。

### 3. 引入第二课堂

积极开展创客教育的第二课堂，主要包含 MOOC、微课、网络社区等线上学习方式，以及立体化的第二课堂等。这些授课方式可以一定程度替代传统课堂授课，节约理论授课时长，方便学生学习，为创新活动提供支持。MOOC 的制作应以满足不同学生的需求和引导学生学习兴趣为主，除了微视频外，还应配套电子教材、软件安装包、电子实验案例、软件学习指南及优秀作品等网络资源，同时丰富的资源也为学生带来了更多的学习乐趣，满足不同学生的学习要求。另外，创业学院还应设立网络社区（论坛），并由专人负责管理，创客们可以在网络社区进行技术交流、技术成果展示和分享以及产品交易。网络社区一方面可以提升创客们的获得感、成就感，另一方面可以收到其他人的建议和反馈，从而更好地完善创客作品。创客学习的基本流程如图 6-1 所示。

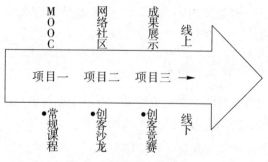

**图 6-1　创客学习基本流程**

### （二）培育多元化师资队伍

组建多元化的师资团队，吸引多学科背景的教师参与创客课程，提升创客教师教学能力，加强队伍的内涵建设，打造一支专业的创客教育师资团队。其中，培养高校创客教师的传统方式包含师资培训班、专家讲座、下企业顶岗锻炼等。但教师通过上述方式只能从个人技能或者本专业的教学教法上得到提升，却很难在短期内获得创客教育 TRACK 模型中阵列的六项技能，专业教师在创客教育领域的特殊技能难以掌握。针对创客师资队伍的培育新机制，建议打造多元化的师资队伍，提升创客教师的教学能力。

创客教育教师需具备综合的专业能力，包含教学能力、科研能力、设备操作技术、计算机编程及市场推广才能等。创客教师的培育可以是定期集中授课培育已有的专业教师，但短期内高校很难在专业队伍中培育出具备全套创客教育知识体系的教师，可以寻求多学科教师组建创客教育的师资团队的方法，借助各个专业教师在自身领域的专业素养，最大限度地将多元化的教学知识体系搭建起来。另外，构建多元化的教师团队也需要重视学术探讨、协同发展，应定期开展常态化的学术交流活动，增加创客成果和教学科研项目申报。

对教师的教学能力的提升方面主要结合团队内部导师不同的学科和科研内容，以项目式、探究式等教学方式培养教师的专业技能和创新技能，使教师成为某个领域的"自创者"。在教师教学能力的建设方面重视学科导引、实践技能、学科创新能力的拓展。首先，以科研促教学，团队中教师应成为各自学科领域的创新标兵，提高自身教研与科研项目、学术论文和国家专利、软件著作权等科研业绩预期目标，向理论项目要技术转化，从实践项目提取创新成果；其次，以组织创客教学竞赛的方式激励教师提高创客教学质量，设置专项教学奖励，教师获得的奖项在职称评审中得到认可；最后，鼓励教师下企业顶岗锻炼，给予教师足够保障措施，减免企业顶岗期间教师的教学工作量，使教师能够与企业技术人员一起完成实际项目，真正了解最新行业动态，学习前沿技术，掌握市场需求。

## （三）开展丰富的教学活动

创客活动是创客教育的重要组成部分，有助于创新思维的养成和创客能力的提升。高校传统课程的实施多以理论授课为主，实践课程为辅，而创客活动为理论知识转化为实践能力提供了良好的契机，能够使学生更好地熟悉创客设备，更有兴趣地投入创客学习，激励学生探索科学知识。创客教学实验教学模块引入目的是使学生学会解决问题的能力，而不是单纯地让学生记住某个知识点。

除课程实践外，积极组织各类创客活动，丰富学生课余生活。高校的创客活动主要以两种形式为主：一是邀请专家、企业家来校学术讲座，分享创新经验和创业经历；二是组织创新比赛、创业竞赛，对有一定创意或者创新实物的团队给予项目扶持资金，有实际注册经营的企业和工商户帮助其融资。在校内开展丰富的创客活动，定期举办创业讲坛，邀请校外知名专家、企业家进校指导，为学生树立榜样。开展校级创业竞赛，如"互联网＋"创新创业大赛和校级挑战杯大赛等，达到以赛促学的目的。注重学生暑期社会实践，为学生发放社会实践补贴，鼓励学生参与企业实际项目，了解行业应用动态，为今后创业做准备。定期举办创客竞赛，分创意组、作品组、创业组三类。鼓励不同阶段的创业团队参赛，邀请创业导师赛前指导，根据竞赛成绩设立奖项，颁发证书和奖金。为支持教师指导参赛团队参赛，学校可将教师指导的奖项证书设定为岗位竞聘的业绩之一，从而提高教师的参与度和积极性。通过竞赛可以达到"以赛促教、以赛促学"目的，让参赛教师和学生都能从参赛的过程中获得知识和技能，完成思维碰撞，赛后获得创业指导和资金政策扶持。

## 三、创客教育教学保障层面创新优化

良性的创客教育发展需要优异的配套保障措施，其中除了高校的政策扶持外，也离不开政府政策支撑和企业的技术保障，三方共同参与，将政策、资金、人力信息高度整合，协同调用。

### （一）出台专门创客教育政策做支撑

国家层面的政策支撑和地方政府的政策实施是高校开展创客教育教学管理的重要支撑，可以说，来自政府的支撑政策是打造高校创客环境的一道基本保障。

第一，在政府政策保障方面。首先，是财政政策，政府要支持大学发展创客教育，增大创客教育的资金投入，设立专项基金或奖励基金，支持创客空间的建设、创客设备的购置、创客团队的组建，保障创客教育快速开展；其次，政府可以设立专门的部门，如创客教育管理机构，对接各高校的创业学院，形成自上而下的组织架构，审批政府用于创客教育的资金使用，完成顶层规划，引导社会资本注入高校创客教育；最后，政府可以对各高校的创客教育管理资源进行调配，用于高校之间的协同发展，对社会、企业的技术服务（培训、资格认证）等，同时政府还可以大力宣传重点高校的创客教育，为地方打造出亮点、特色的创客教育，给全社会带来创新创业的良好氛围。

第二，教育政策保障方面。高校创客教育的教育政策制定要有区别化，应符合自身的情况，实施的目的与标准的确立应从促进创客教育的发展出发。教育政策应注重保障方式和评价工作。首先，学校不能单纯有促进政策而无保障方式，创客教育的课堂、空间管理，创新创业活动的保障与普通专业教学一样需要教务处、学工部、后勤管理中心、资产处以及招生就业处等部门共同完成；其次，教育政策需要组织专家定期评价，找出政策中的执行难点与不足，不断完善政策。

此外，教育政策的评价体系应建立在多个维度基础上，并且评价的标准除了创客教学外还要考虑创业就业、教师和学生在创客活动中产生的一系列成果等，根本目的是不断优化创客教育的政策。

### （二）通过引入社会力量建立协同育人机制

加大社会力量的投入，由政府保驾，高校牵头，制定适宜的支持政策、投资回报，积极吸引国内相关行业协会、优质企业加入创客教育，共同打造创客教育新体系，建立协同育人机制。具体而言，地方政府主动招才引资，与高校、企业、行业协会联合创建协同育人平台，师资共享，创新成果互享，共同承担管理责任，以保障高校创客教育的顺利开展。

在政府主导下，高校应积极调用社会资源，主动联系社会资本、技术力量和专业人才到创客教育行业。高校对社会资源的关注可以采用以下三种模式：其一，吸引社会资本、热钱、风投转向创客教育，支持创客空间的建设、创客教育的人才招募，将资金的投资渠道拓宽，投资流程简化；其二，争取社会上的技术力量，如最新的技术成果、专利能够落脚高校，为高校的创客教育建设带来实际的效益；其三，扩充人才队伍，吸引海内外优秀人才、企业家来校服务，制定优厚的人才待遇政策，鼓励企业技术人员全职或兼职参与创客教育，为在校的教师、学生定期开展创业培训，传授创新创业经验。

学校引入有实力的企业加盟创客教育，对高校教育教学具有积极作用：首先，对于学校来说，一定程度上解决了学校的资金和技术需求；对于企业来说，通过校企合作，解决了企业人力供给的问题。其次，高校在校企合作中能够窥视行业最新技术动态，找寻热点研究方向，促进创客教育的教学方向和实践目标，企业在和高校合作中能够第一时间将学生的创意研究成果转化，快速形成市场效益。最后，对于学生来说，理论知识和实践能力更快结合，对于学生创新能力、创客素养的提升会有更大的帮助。

### （三）高校从制度方面进行科学规划

首先，高校应建立科学有效的实践教学管理制度来发展规划，做到凡事有章可循、有据可查，从而保证实践教学任务的顺利执行。高校的创客教育制度规划的重点是人才培养方案和人才培养目标的设立，其次是师资的组成、课程大纲的制定。创客教育的保障重点是资金的投入和场地的建立。基于此，在学校层面，要注意以下三方面的问题：其一，要制定创客教育教学具体发展规划。在创客教育教学的人才培养方案上必须将培养学生创客素养的课程放在首位，人才培养目标是培养创新型与应用技术型相协同，具备创新创业能力的高校毕业生。其二，学校层面应有单独的创客教育管理部门，负责总体规划和组织日常教学活动，对创客活动进行考核评价，为创客实践提供后勤保障。其三，建立信息管理平台，方便学生网上选课，教师线上授课和交流，并且通过信息平台还可以整合各方面要素，加快信息的交融，提升创客教育的管理效率。

其次，高校可以制定相应的服务政策来保驾护航。具体而言，对于课程学习，可规定学生修完规定的课程类型和学分，就可以获得创客管理的辅修学位或双学位；对于激励机制，规定创客实践成果获得省部级以上奖励，即获得保送研究生资格，同时拥有成果转化和二次创新在场地、设备、资金方面的指导和支持；对于运营经费，高校需先期投入基础设施建设和创客教学项目种子基金，后期运行经费可依靠企业合作项目、政府专项基金和社会捐助，力争实现自主运行、良性循环。创客空间培育的服务政策在于保障和促进创客项目正常运行，应当充分体现科学性、公平性和福利性。

最后，各类创客项目的审批立项活动，学校应公示具体的操作流程，设置专人专办，减少审批流程、提高办事效率，尽量为教师和学生多留出有效的工作时间用于具体项目。

## 四、创客教育教学管理层面创新优化

### （一）建立创客教育多元评价体系

创客教育的教学评价项目多元化且观测点多，评价指标复杂，因此不能沿用普通课程的考核评价方法，应针对不同高校的创客教育特点制定多元化的评价体系，主要体现在以下三个层面：其一，评价内容更全面，创客教育的评价内容除了常规的课堂授课情况外，还需考量创客活动的课后效果，如创新创业项目、创业竞赛、到账创业费用等。创客教育的评价内容较传统课堂教育更加复杂，教学效果所占比重有所降低，而社会服务效果、创新创业的实际成绩、创业活动所带来的社会效益都是评价内容的重要组成部分。其二，评价主体多元化，除参与创客教育评价的专家督导外，还应引入企业管理人员、融资机构人员等。在校专家督导对创客教育的评价带有主观性，企业的管理人员、融资机构人员、媒体人员可从各自角度对高校创客教育进行评价，其他人员的加入将填补创客教育的社会性、服务性、文化性等层面的重要性质。其三，评价方法多样化，包括学分法、统计法和主观调查法等，并且评价的分数需要运用数学公式的加权计算，注重量化，依据统一的标准，主观上对学生作品的创新性、实用性、设计理念打分。总之，每个高校结合自己实际情况选取一种进行评价。

综上所述，高校在推出创客教育评价体系时，也要考量本校已有的评价方式，还需征求教师和学生的建议，满足本校的实践教学特点。评价的最终目的是帮助教师提高创客教育教学能力，鼓励教师积极从事创客教育教学与研究，对参与学校创客教育的教师要算作教学工作量。

(二) 完善创客教育师生激励机制

为了更好、更快地促进创客教育建设，对教师的激励措施必不可少。首先，需要有一个总体平稳、逐年优化的激励模式，总体可分为物质激励和精神激励两种。其中，物质激励应充分考虑教师的实际需要，对获得优异成绩的创客教师给予奖金、奖品；精神激励则主要起到辅助作用，可以是考核优秀证书、荣誉证书等。对于学生层面，可以从学生关切的升学、奖学金等方面酌情考虑，对于创新创业表现优异的团队个人，开通保研通道、定向就业通道，让学生无后顾之忧，全心投入创客活动；也可以增设创客专项奖学金促进学生参与创新创业。与此同时，高校还可设立创客奖学金，对在创客学习和活动中表现优秀的创客给予奖学金奖励，并优先参与学校内的荣誉评比。

另外，设立专项资金，用于创客项目的理论研究、实践研究也是很好的激励方法。例如，物质奖励可以设置专项学术奖学金、绩效奖金、项目奖励等方式；精神奖励可以是创客教师在实施教学过程中学生的学习效果反馈、竞赛获奖、教学荣誉、科研成果认定、提升岗位职称等。最后，回归创客教育教学本质，扶持微课、教材、虚拟仿真课程等教学项目的建设，让教师愿意投入精力到教学的内涵建设中去。

综合而言，随着全球5G时代的到来，人工智能、大数据、虚拟现实等高新技术井喷式发展，科技创新引领时代进步，政府确定支持发展"众创空间"的实施与建设，出台了鼓励大众创新创业的一系列政策措施，在此推动下高校创客教育应运而生。高校发展创客教育正是深化国家教育改革，培养创新型人才的有效途径，而高校发展创客教育的关键正是教学管理的改革和创新。

# 第三节　高校教育教学中人本化教育模式的创新建议

现代教育背景下，我国高校教育在教学和管理中还存在很多问题，因此必须对高校加以改革和创新。高校教育创新首先要进行观念创新。观念创新是改革发展的前提条件，即在高校教育教学中不仅要把以人为本作为一种教育理念，还要在教育内容、教育方法、教育评价上坚持以人为本的教育原则，在具体管理措施上灵活运用以人为本的教育方法，总之就是要在高校教育环境中营造以人为本的教育氛围，充分发挥以人为本的能动作用。以人为本正在成为整个社会领域发展所必须坚持的理念，在这种情况下把以人为本引入高校教育教学中，是社会发展的要求，也是高校自身改革发展创新的实际需要。

## 一、树立以人为本的教育教学理念

目前，高校教育教学面临着新形势的挑战，全面发展素质教育的思想要求高校教育必须进行思想上的改革创新，只有思想上进行创新，行动上才能有所改变。《中共中央关于加强党的执政能力建设的决定》明确指出：坚持尊重人、理解人、关心人，有针对性地解决不同社会群体的思想问题，既要鼓励先进又要照顾多数，既要统一思想又要尊重差异，既要解决思想问题又要解决实际问题。因此，在高校中坚持以人为本的教育教学理念，就要树立"尊重人、关心人、理解人、发展人"的理念，把尊重人作为教育的前提，理解人是教育的基础，关心人是教育的切入点，而发展人则是高校教育的根本目标和归宿。

### (一)树立尊重人、理解人的理念

自尊心人人都有，渴望得到尊重是大学生对教师的基本要求。教育活动是双向的，教师首先要尊重学生，才能赢得广大学生的爱戴；理解也是双方的，教师不仅要理解学生的思想情感及差异性，学生也要理解教师的良苦用心，这种师生之间的相互理解，使师生之间关系融洽。在高校中树立尊重人、理解人的理念，不仅是教育工作者应具备的职业道德，也是保障学生主体地位，从而取得良好教育效果的前提。

首先，要尊重学生人格。大学生进入知识丰富的大学校园时期，其自我意识接近成熟，他们显得更具有自我意识和独立意识，这个时期尤其渴望得到别人特别是老师的理解和尊重。教师对学生有教育管理的权利，但在新型师生关系中，师生在人格上是平等的关系，即学生是具有独立的社会地位和法律地位的人，享有宪法、民法所附有的一切权利，他们有自己的人格和精神世界，在人格上与教师处于平等的地位。因此，教师要尊重学生的人格和主体地位，在教育活动中保持对学生的尊重和理解，这也是师德的基本要求。

其次，要尊重学生的权利。每个人都是生而自由又平等的，在高校中具体体现在：学生享有选择课程、选择专业和选择教师等多方面的权利，教师和高校管理人员都不能随便践踏学生应有的自主权。因此，高校教学要树立民主的管理理念，营造民主的教育氛围，在教育教学和管理过程中，以情感教育为前提，加强和学生的沟通交流，真正做的尊重学生各种权利，走进学生的内心世界。

最后，要尊重并理解学生的个性和差异。随着社会的不断进步，市场经济的不断发展，大学生愈来愈具有自己独特的个性，在思维、知识构成和身心发展等方面也存在着差异。理解学生就是要理解学生的思想实际、心理实际和生活实际，由于大学生从小所处的环境和所接受的教育不同，这就要求高校教师更应该多加注意和观察学生的个体差异性。作为高校的教育者，更要尊重并理解学生具有的个性，尊重学生独立自主的意识，培养他们的独立能力，善于发现他们的长处，这样才能激发学生的创造思维和创新意识，激发他们学习的积极性和主动性。

总之，尊重学生是教育的前提，理解学生是教育的基础，没有尊重就没有教育，没有理解也就没有尊重。但要注意，教育者树立尊重人、理解的人理念绝不是毫无原则地放任学生自流，也不是对学生所犯的错误不加管制，而是以学生的发展为中心，以法律为准绳，坚持尊重理解学生和严格教育学生的原则，不断使学生正确认识自我和完善自我。

## （二）树立关心人、发展人的理念

学生工作是高校教育的重要组成部分，也是高校开展教育活动的主要环节，这就要求高校对学生的教育要转变观念，树立关心人、发展人的理念。关心学生是每一位教师应具备的基本品质。但在现实生活中，一些高校教师和学生之间的关系却很是淡漠。师生只有在课堂上才能见面，甚至个别教师只是完全应付上课。现如今，高校都是大班上课，一个教师要教很多的学生，一些教师对自己所教学生都不认识。这样教师和学生之间就缺乏交流，更不用说关心学生。因此学会关心学生，怎样促进学生全面发展就成了当前高校教育工作者面前的一大课题。

首先，要关心学生的切身利益。我国社会主义市场经济体制的确立，一个重要依据就是要合理利用人们对利益的正当追求，推动全社会前进。随着社会的发展和时代的进步，身处其中的大学生思想也比较复杂，都在不断追寻自己的合理利益。高校教育者要在思想认识上适应时代的变化，关心学生在生活、学习和就业方面的切身利益，帮助学生树立正确的荣辱观和义利观，切实提高对大学生进行教育的实效性和针对性。

其次，要关心学生的内心世界。教师应该帮助在学习中和生活中有困难的学生，只有真正关心学生，才能有效地教育学生，而要做到这样，教师还要不断提升自身素质，给学生树立良好的形象。与此同时，教师还要放下架子，学会倾听学生，多和学生进行交流，把学生当朋友来对待，走进学生的内心世界，才能够明白学生的内心世界和他们的真实想法，从而做到切实关心学生，促进学生的发展。

最后，要关注学生的发展需要。高校教育首先要帮助学生如何更好地生存，这就要求高校教育工作者要真正以学生发展的教育理念进行教育教学，充分肯定大学生在个体发展中的主体地位。关注学生发展的最终目的是促进人的全面发展，而在高校教育这一特定的教育环境中，更多地强调在教育过程以及教育活动中，把学生的发展愿望放在教育首位，从学生内在发展需要出发，最大限度地满足学生成长成才的需求，使学生掌握适应未来社会的能力，最终实现自我发展。

## 二、建立以人为本的教育教学体系

### （一）确立以人为本的教育教学目标

高等学校的教育教学目标应该体现人本精神，把促进大学生的全面发展作为培养目标，并在此基础上关注学生的个体差异，实现大学生的个性发展，以培养创新精神和实践能力为主要目的。同时，要明确教育目标的制定是教育内容、教育方法和教育教学评价的主要依据，如果教育目标的制定不符合学生发展的需求，那么就会影响教育教学过程的实施和评价。

教育是民族振兴的基石，教育公平是社会公平的重要基础。要全面贯彻党的教育方针，坚持育人为本、德育为先，实施素质教育，提高高校教育现代化水平，培养德智体美全面发展的社会主义建设者和接班人，办好人们满意的教育。这体现了以人为本在教育中的重要地位，要培养以德为先的全面发展的人。大学教育的第一使命应该是使大学生形成完善的人格，而非具体专业技能的培养。

高校的教育培养目标应以大学生的全面发展为目标，满足大学生的个性发展，从学生自身的实际需要出发，因材施教，使其创新能力和实践能力都能得到充分发挥，而以人为本的教育理念不要求预先设定教育目标，它要求学生培养模式是能动性的，是鼓励学生的创造性和互动性的。然而，我国目前的教育培养目标，更加注重对学生知识结构和接受能力的培养，忽视学生个性的发展，教师应鼓励学生接触新的理论来解决问题，提高学生的学习兴趣，激发创造力。因此，高校要真正做到以学生为本，首先就应该转变教育观念，把以人为本作为第一位的教育观念；其次重视对大学生的创新教育，提高学生的创新能力，以满足学生的创造力和个人发展的目标。

### （二）传承以人为本的教育教学内容

高校的教学内容直接反映着我国的教育目的和培养目标，是保障和提高高校教育质量的核心环节，而高校教育教学改革的实质内容主要表现在专业、课程、教材、教师等方面。因此，对这方面的改革创新是我国高校教育教学改革的突破口。要改革就要有思想上的创新，就要把以人为本贯彻落实到教育中来，真正使高校教学内容的制定符合学生的全面发展。

### 1. 加强通识教育和人文教育

早期，我国高校的教育教学主要偏重于学生对基础知识和基本技能的掌握，强调对高级专门人才的培养。这种教育便于组织学生教学，但过细的专业划分、过窄的课程设置口径和固定的课程结构，无法使学生的素质得以综合发展。20世纪80年代后期，我国的高校教育教学开始从强调培养专业人才转向重视学生全面发展的素质教育，但通观我国高校人才培养模式，仍然存在着过分重视专业教育的倾向。针对这种现象要加强大学生文化素质教育，课程内容的选择应尊重学生的兴趣和特长，满足学生的需要；同时高校还应提供丰富的课程资源供学生选择，开展通识教育教学改革，淡化专业教育，统一设置通识教育基础课程和学科专业基础课程，并对学生学习的通识教育课程学分进行具体规定。此外，市场经济的发展使得高校教育忽视对大学生进行人文精神教育，在这种情况下更应该对教育教学内容进行改革，既着眼于现实，更注重面向未来。人文精神是一种普遍的人类自我关怀，是对一种全面发展的理想人格的肯定和塑造，人首先要成为一个人，而不是一个工具。因此，要逐步把高等教育的教育内容由传统的传授知识的教育转变为以构建通识教育与专业教育相结合的教育教学模式，加强人文精神教育，从而突出大学生的综合素质，以便在教育内容上贯彻落实以人为本的教育思想。

## 2. 提高学生自主创新能力

大学的教育内容要贴近实际，在课堂教学中，教师应选择一些具有鲜明时代性的课题，通过讲授这些内容，拓宽学生的视野，使其明确其自身肩负的历史责任，进而提高他们的思想认识水平，让他们认识到通过课堂教育能解决他们真正的实际问题，从而进一步提高他们对高校教育内容的认同程度。

另外，学生的学习动机和积极性主要取决于学生自身的学习需要，对学生学习需要的满足就是不断激发学生学习的动力。现在高校教育的一个潜在前提或者说基本立足点就是高校大学生的就业生存问题，要想使大学课堂真正吸引大学生，让大学生参与到课堂活动中，高校一定要加强对学生进行实践创新能力的培养，改革实践教学环节，大幅增加学生自主创新的能力，扩大学生的知识面，培养学生的学习兴趣，全面提高学生的综合素质和创新能力，为大学生走出校门向社会过渡做好心理上和思想上的准备。

## (三) 运用以人为本的教育教学方式

在教育过程中，教育教学方式是教育者与被教育者进行沟通和交流的桥梁，只有有效的教育方式才能对学生起到良好的教育效果，单一的、枯燥的教育方式显然是不利于当今大学生主体地位的体现的，也是不利于学生全面发展的。简言之，良好的教育教学方法与先进的教学手段是保障教学质量的重要方面，因此，只有按照以人为本的教育原则进行改革创新，才能真正体现学生的主体地位和个性发展。

## 1. 建立以生为本的教学模式

要建立一种以学生为中心的教学模式，对学生进行全面的分析，因材施教，针对不同学生的特点和优势采用不同的教育方式。

教学模式是指在一定的教育思想、教学理论和学习理论指导下的、在某种环境中展开的教学活动进程的稳定结构形式。"以学生为中心"的课堂教学模式是指在课堂教学中坚持"以人为本"的价值理念，重视教学过程的探索性，重视教学中师生的交往和对话，积极培养学生创新能力的结构形式。只有这样，学生才能真正成为学习的主体，而教师则只是教给学生如何学习，帮助学生培养学习的兴趣并找到学生自身发展的优势，有助于形成教师和学生之间良好的互动。只有在这种教育方式的引导下，高等教育才能培养出富有活力和创造能力的大学生，有利于大学生的长久发展，真正在教育方式上体现以学生为中心的原则。

## 2. 创新教育教学方式

高校管理者和教师应该采用多样化的教育教学方式，积极探索启发式教学法，如引导式教学法、问题与发现教学法、团结协作法等，调动学生的学习积极性，培养他们分析问题、解决问题以及如何有效获取和利用信息的能力，并改革实践教学环节，加强实践教学建设，培养学生创新实践能力，以提高学生的素质与能力。

## （四）构建以人为本的教育教学评价体系

对教育教学进行评价的根本目的是提高教育的质量，检测教育的目的是否达到了应有的标准，是否促进大学生关于全面发展的要求。在这一教育评价的要求上，我国现行的教育教学评价必须要体现以人为本的价值观念，要以有利于学生和教师的发展为宗旨，注重学生在学习过程中不断取得进步，激励学生内在的学习动机，最大限度地调动学生的积极性与主观能动性，从而实现人的全面和谐发展。

## 1. 创新式教育教学评价制度

到了大学阶段，还以考试分数为主要评价方式的制度不能促进学生的全面发展，也不能体现以人为本的教育教学目标。在这种情况下要改革现行高校的考试制度，建立正确的高校教育评价制度。树立以学生全面发展的考试观，在评价学生时，多鼓励学生参与社会实践，并把平常的社会实践和课堂表现等按照一定的比例作为最后成绩的一部分，把培养大学生的创新精神和实践能力作为主要的评判标准，从而体现对大学生全面发展的要求，强调教育评价对教学目的的促进作用。

## 2. 多元化教育教学评价方法

现代教育背景下，高校要建立科学的多样化的评价制度，针对不同学生实施不同的评价标准，而不是只使用单一的考试分数来评价学生。由于每个人的兴趣和特长都不同，这就要求高校要根据每个大学生的特点和兴趣采取多样化的评价标准，体现对学生全面发展的要求，更加注重对学生人性化的关注，要根据不同的学科门类采用灵活的评价方式。例如，对于普通文科记忆性的学科，可以根据实际情况采取开卷考试的方式，有利于发散学生思维，提高学生的创新意识；而对学习理科的学生则可以主要考查学生的实际操作能力和创新能力。另外，单纯的考试评价不可能十分准确地反映大学生的实际水平和综合能力，因此可采取教师评价与学生自评、互评相结合的方式，结合学生日常表现全面、客观地评价学生的知识和能力，体现大学生主体的个性差异。

### 3. 多样化教育教学评价方式

目前大部分高校对教师的评价多注重教师所发表的论文和科研水平，可能使得部分教师忽视对学生的教学工作，导致大学课堂个别教师草草应付了事，没有关注学生对知识是否理解，忽视了学生在课堂上的主体性。因此，高校要实现以人为本的教育目标就必须改革对教师的评价方式，建立教师科研与教学相结合的教师评价制度，调动高校教师不断提高创新能力的积极性，加大教师对教学的关注程度。多元评价方式使教师把自己的科研和学术成果融入教学之中，让学生也能参与对学术和科研的研究。同时，在课堂教学上真正做到以学生为中心，考虑学生真正需要，而不是应付上课，加大学生的动手能力，提高学生分析问题和解决问题的能力，这样才能有利于教师和学生共同的发展与进步。

## 三、实施以人为本的管理

### (一) 确定管理即服务的理念

在高校中要实现民主管理，首先作为高校的领导者要转变观念，树立"管理即服务"的理念，完善教育服务管理体系，为被管理者提供使得自身全面发展的各种服务，而不是给他们施加控制和管束。

高等教育理念与办学制度是相辅相成的，以人为本的管理还要求管理者学会尊重广大师生员工，坚持一切从师生员工的利益出发，鼓励学生参与学校管理，调动学生参与民主管理的积极性，让学生在广泛的参与中进行自我教育，从而充分体现其在高校中的主体地位和民主权利，切实提高学生的综合素质，增强师生员工对学校的归属感。

## （二）建立民主的管理制度

民主管理是人本管理的重要内容和重要手段，是大学民主环境和氛围形成的基础，也是高校管理的重要特征。学校管理归根到底是对人的管理，自然应该做到以人为本，重视并做好人的管理工作，建立民主的管理制度，保证以人为本在高校教育教学管理中的全面贯彻落实。要改革高校现行的管理制度，强调管理制度上的伸缩性，由刚性管理转变为弹性管理，做到高校中的人人都能参与管理，共同促进高校发展。

学籍管理制度是高等学校教学管理和学生管理的重要制度，也是大学生从入学注册取得学籍到毕业资格审查认定获得毕业证书的全过程的管理。现如今高校大都实行以学分制为主的弹性学籍管理制度，要求学生修够一定的分数即可毕业，但在实际运用过程中，一些高校的学籍管理制度比较死板，没有体现学生的主体性，也缺少一定的弹性。因此，高校应要建立灵活的学籍管理制度，具体如下：

第一，允许学生根据自己的实际情况和爱好选择专业，以激发学生学习的主动性。很多大学生在进入高校之后才发现自己对当初选择的专业一点不感兴趣，特别是对调剂去的专业更没有一点兴趣可言，这就严重打击了学生学习本专业知识的动力。因此，高校要在学籍管理上允许学生在一定条件下转专业，通过转专业让学生转入自己更感兴趣或更适合成才的专业学习，使其个性与特长得以发挥，最终成为社会有用之才。

第二，允许学生有自由选择课程的权利，让学生根据自己的兴趣选择相应的课程。高校应适当控制必修课的比例，增加选修课的比例，建立完善的选课系统，因材施教，让学生建构自己的知识体系，使学生在跨学科、跨年级乃至跨学校间都能达到自由选课，做到课程资源共享。同时，允许学生在满足专业培养的前提下，自主选择自己喜爱的教师，选择不同层级的课程，让学生积极学习，主动建构自己的知识结构。在课程设置上，让学生有足够选择自己喜欢课程的权利，如学工科的可以选择经济和管理方面的学科，学经济管理的可以选择法律方面的学科，即从制度上帮助学生完善知识结构，使学生成为具备多种知识技能的复合型人才。

## （三）实施民主的管理措施

在高校管理中，有了民主的管理制度，还需要有具体的办法和措施，才能使制度得到实实在在的落实。因此，要建立教职工和学生代表大会，实行校务公开，创建师生员工参与民主管理的环境，搭建师生表达民主意见的平台，给学生和教师以充分自由治理高校权利。具体而言，高校要让广大师生员工从学校和自身的发展出发，通过教代会、学代会等高校民主管理的形式积极主动地参与到学校的各种事务管理，从而增强师生成员的归属感，提高广大师生员工参与到民主管理、民主决策和民主监督的积极性和主动性。

大学生作为社会中的高知识群体，其自我意识和民主意识明显增强，因此就迫切需要更多参与学校管理的权利。目前大学生已经成为高校不可忽视的参与民主管理的新力量。一所高校民主化的程度在一定程度上决定着学生参与高校民主管理的程度，高校能否为师生员工搭建好顺畅的参与平台，让民意有良好的渠道得以表达，直接影响着高校的管理者在学生心目中的威信，也影响着学生参与管理的热情和信心。因此，高校要坚持以人为本，坚持以学生为主体，让学生有表达心声的平台，为学生创造自由民主的环境，遵循教育教学发展规律，才能进一步健全和完善高校的管理制度，把各项具体管理措施落到实处。

## 四、增加人本化教育课程的设置

### （一）增加经典导读课程

教师应以经典文本阅读为中心进行导读教学，并教会学生阅读的方法，指明领悟、实践的途径，尤其应注重精神的历练与思维的操作实践。比如国学经典是中华民族传统文化的优秀代表，教师应该引导大学生多读书，读好书，尤其是国学经典系列的图书。大学生的阅读能力、理解能力较强，非常适合多读书，读书就是同伟人交谈，能够凭借伟人的视角帮助大学生看清世事，能够在伟人的人格魅力的影响下净化大学生的思想境界，从而在潜移默化中有效提高大学生的觉悟认识。在阅读经典过程中，大学生能够从经典文本研读中获得思想、智商、情感方面的启发与带动，在经典文本承载的优秀精神感召下深刻自省自检，从而实现个人的发展。需要明确的是，读书虽然不能取得立竿见影的速效作用，但是经典文本中的优秀精神财富会在潜移默化中一点点影响大学生，使大学生慢慢转变，走向成熟。

### （二）营造教育教学的人本氛围

在大学生教育教学工作过程中，教师应积极开发人本化教育课程中的人本因素，让"以人为本"的观念深入人心。通俗地说，大学生是教学活动的实施者和体验者，是教师教学意图的实践者，在此过程中教师如同自助餐厅的老板，为大学生的自主学习和合作探究准备好各种食材和工具，然后教师就退居二线，大学生就成为食材和工具的主人，开始利用教师准备好的食材和工具制作各种自己爱吃的食物。其实，无论大学生如何制作自己喜爱的食物都会吃掉教师准备的食材，都没有脱离教师划定的活动范围。例如，在思想政治教育过程中，教师经常利用优秀人物的光荣事迹教育和教导大学生应具备助人为乐、扶危济困等优秀品质，但简单的说教活动可能无法使大学生真正接受，教师可以让大学生通过角色扮演将优秀人物的经典案例表演出来，让大学生在活灵活现的经典案例中现场分析现场讨论，因而能够取得较好的效果。总之，让大学生积极参与课堂教学是构建人性化课堂的首选途径，是实现大学生学习主体地位的必然形式。

大学生是课堂学习的主体，这一观点已经达成共识，大学生的身心发展已经成熟，拥有足够强的自学能力、合作能力和探究能力，因此，大学生完全能够凭个人能力成为课堂学习的主人。在大学生教育教学过程中，教师要积极向课堂教学的"导演"转型，为大学生的课堂活动制定好表演内容、活动顺序、时间安排、活动要求等项目，为大学生提出参与课堂活动的具体要求，让大学生保质保量地完成各项学习活动，而教师就像导演一样及时关注大学生的现场表演，将大学生课堂扮演过程中存在的问题记录在心，为以后课堂活动要求的制定提供足够多的参考信息。大学生在参与课堂教学过程中心情愉快，从而让大脑处于亢奋状态之中，因而对课堂活动的记忆效果较好，也能够达到深层次理解。

## 五、建设以人为本的校园文化

校园文化是以社会先进文化为指导，以师生文化活动为重要内容，以校园精神为核心，由校园里广大师生员工在长期的管理、教学、科研、学习及服务等活动中共同创造的学校物质文明和精神文明的总和及其创造这种文明的过程。在高校中建立浓郁的人本文化就是指校园物质和非物质的文化都能体现出人文的内涵，体现以学生为本的精神理念。

### （一）建设浓郁的人本文化

校园文化的构建必须坚持以人为本，并与维护和实现广大师生的切身利益紧密结合，合理进行校园环境规划，同时建设优美的校园环境和民主的校园文化设施都要体现本校的特色。

### 1. 建设人性化的校园环境

人的存在离不开环境，培养全面发展的人需要营造积极向上的教育环境。校园的物质环境是大学生在学校生活的基本条件，对学生的终身发展有着重要的作用。大学校园环境是校园文化建设的重要组成部分，学生日常生活在大学校园里，因而它是高校学生直接接受熏陶的地方，对学生的德、智、体、美发展都有很重要的影响。校园的景观设置还要对学生有启示性，发挥其育人的功能，使受教育者的身心获得自然美的熏陶，不仅要给大学生一种舒适的感觉，更要时刻提醒大学生要珍惜美好时光、不要虚度光阴，让学生在校园生活中感受文化的熏陶。人性化的校园环境是一种很大的精神力量，因此建设优美、和谐的校园环境，处处体现以人为本的内涵，都有利于提高大学生的素质，从而使大学生能拥有健康的体魄和良好的心态。

### 2. 构建校园网络交流平台

随着信息网络技术的快速发展，网络已经成为人们生活当中不可或缺的一部分，而处于社会发展前沿的高校也就成为社会信息化程度最高的场所，其自身的发展是离不开网络的，身处其中的大学生也成为与互联网最为紧密的人。网络已经走进了高校师生工作、学习、生活等各个领域，大学生的价值观念和生活方式等正悄然发生变化，这些变化都给高校的校园文化建设带来了新的课题。

网络是校园文化建设中比较重要的物质载体，高校发展需要有网络作为其物质基础，因此加强网络硬件建设，能够为网络环境下的校园文化建设提供物质保障。校园网就是在新形势下高校所衍生出来的新型区域网络，其在学生和教师的工作学习中发挥着很大的作用，正确使用校园网，充分发挥大学生在校园网中的主体作用，丰富学生网络资源，建设校园网络交流平台，使之成为教师和学生表达心声的网络平台，发挥网络环境下校园文化在加强和改进大学生思想政治教育、全面提高大学生综合素质中的作用，引导师生树立优良的道德品质和健康文明的行为方式，使得师生更好地参与到学校教育教学管理中，从而体现出以人为本的教育理念。

### 3. 建构洁净的网上精神家园

校园文化是一种非常具有教育能量的潜在教育资源，能够在潜移默化中对大学生的思想发展和健康成长产生积极的促进作用。建设和谐校园文化是塑造大学生的健康人格，提高大学生的思想道德素质，培养大学生的创新能力和实践精神的需要[①]。校园文化建设的目的就是通过营造积极健康的人文环境，提升大学生的道德情操与思想修养，帮助大学生形成积极健康的完美人格，从而有效提高大学生的思想素质。在校园文化建设过程中，大学生是校园文化建设的中坚力量，也是校园文化建设的实际参与者和过程组织者，大学生在形式多样、内容丰富的校园文化活动过程中可以有效培养个人的兴趣爱好，也在表现自我能力的过程中获得较为愉悦积极的良好情感体验，进而产生主动参与、快乐合作、敢于探究、勇于创新的可贵动机，直接促进大学生组织能力、交流能力、交际能力、管理能力等方面的全面提升，进而为大学生成为国家建设的栋梁之材奠定坚实的基础。

校园文化中的网络文化建设是非常重要的内容之一。基于此，高校必须认真分析当前网络环境下大学生教育存在的问题，并根据网络的特点，要做到以人为本，创新观念，优化网络资源，不断丰富网络文化。网络是大学生打发闲暇时间的至爱，很多大学生没事就上网已经形成习惯，尤其是晚上，上网的大学生会更多。然而，良莠不齐的网络在帮助大学生获得有益信息的同时，又携带很多不良信息，诱惑和腐蚀着个别自制力较差的大学生的思想与灵魂。因此，少上网、上好网就成为改善大学生上网环境的首选。针对上述问题，教师可以组织大学生建立 QQ 群或微信群，像组织社团一样，有篮球群、足球群、乒乓球群等，将现实版的社团活动转移到网络之上，让大学生在网络上继续进行社团活动，从而让大学生的闲暇时间更有意义。喜欢看时事的大学生可以在时事群里或微信里看新闻，从而有效避免网上不良信息的干扰。另外，大学生也可以组建班级群，强化本班同学课外的即时联系，一旦有人遇到困难，就会有人出谋划策，从而能够营造出团结友爱、互帮互助、休戚相关的幸福大家庭氛围，真正实现相互关爱、温馨成长。

### 4. 建设良好的校风

校园的精神文化建设要坚持以人为本的理念，尊重学生的主体地位，为学

---

① 张代宇、陶钦科：《和谐校园文化与大学生成才》，《机械职业教育》，2007 年第 5 期，第 8～9 页。

生的健康成长和全面发展创造良好的精神氛围，创造人文化的环境，处处体现人文关怀。建设以人为本的精神文化要从办学理念、校风、校训等方面入手。其一，构建以人为本的校园环境，不仅要把以人为本作为高校发展的理念，还要建设良好的校风，体现高校自身的特色。其二，校风是一个学校各种风气的总和，是学校在办学过程中长期积淀而成的具有行为和道德意义的风气，也是在校内乃至社会上具有极大影响并被普遍认可的思想和行为风尚。良好的校风是一所大学精神文化中的核心，高校自身的校风一旦形成，就会对全校师生的思想、行为和精神面貌等产生潜移默化的影响，可以说培育优良的校风是校园文化建设的重要任务。综合而言，高校领导要将以人为本理念贯穿到建设校园文化的全过程中，建设优良校风的关键是领导要以身作则、树立为师生服务的理念，允许学生犯错，拥有博大的胸怀，严以律己、宽以待人；教师也应做到为人师表，增强道德修养，正确引导学生的行为规范，处处发挥模范带头作用。

## （二）营造和谐民主的新型师生关系

在高校中营造和谐的人际关系是以人为本的校园精神文化建设重要的组成部分。高校的活动主体包括高校教育管理者、教师和学生，而这些关系中，教师和学生是教育活动的主体，因而师生关系就成为最主要的人际关系。

现代教育提倡的是教学民主和教学自由，营造和谐的师生关系就必须从师生关系的重建入手，关注教师和学生的需求以及师生之间的情感与精神交流，以确保学生在教学活动中的主体性，这样才能够建立和谐民主的新型师生关系。高校和谐师生关系的构建要以"人"为出发点，教师和学生是主体，两者虽然任务和角色有所不同，但都作为"人"存在于教育教学活动中，两者互相依存，缺一不可。在教学过程中，高校教师不仅要作为对学生知识的传授者，还要做学生的朋友倾听学生心声，这种关系才是民主、平等、友好、和谐的关系，可以更好地发展学生的主体性和创造性，充分发挥学生的创新潜能。教师传授知识时，更应该鼓励学生主动学习，进行创新性学习，而不能只有自己滔滔不绝地讲解，不顾学生能不能理解，应该建立宽松自由的课堂环境，让学生勇于发现问题，调动学生学习的积极性。

新形势下，要营造以学生为本的新型师生关系，就应该首先抛弃那种教师高高在上、灌输式的课堂教学方式，把教学过程看作是一个师生实践双向互动的过程。对于教师特别是高校教师来说，教师的责任绝不应是培养出高分低能的学生，而是应该培养出个性鲜明并富有创造性的人，要多和学生交流，注重保护学生隐私，维护学生的合法权益。由于大学生都是有着独特思想的成年人，因此在高校教育教学中要真正实现学生的主体地位，教师自身首先要转变观念，树立以学生为本的理念，从而建立民主平等的师生关系。

随着以人为本思想的提出及深入，在高校教育中坚持以人为本也是高校发展的必然要求：一是有助于让更多的人了解以人为本的内涵及价值，既要了解把握其理论内涵又要挖掘掌握其事实的价值目标；二是有助于发展完善以人为本在高校教育中的意义；三是有助于大学生主体性理论的进一步发展，也有助于进一步推动高校教育中以人为本的研究，以巩固高校教育中学生主体性的地位，并为高校全面发展的创新型人才提供理论依据。

# 参 考 文 献

[1] 陈二柱. 普通高校成人学历教育教学模式研究 [D]. 湘潭：湘潭大学，2011.

[2] 郭洋. 加拿大高等教育特色对于我国高校教育教学改革的启示 [D]. 天津：天津理工大学，2011.

[3] 韩春燕. 基于网络环境下高校基本教育模式的研究 [D]. 成都：电子科技大学，2007.

[4] 何晓. 高校创客教育教学管理优化研究 [D]. 武汉：中南财经政法大学，2020.

[5] 贺丹. 大数据背景下高校教育教学改革研究 [J]. 教育现代化，2018，5 (49)：101－103.

[6] 侯英杰. 高校教学模式与学生能力关系模型的研究 [D]. 杭州：浙江大学，2015.

[7] 黄祥玲. 在线教育对我国高校教学影响与对策研究 [D]. 长沙：湖南师范大学，2021.

[8] 李海平. 高等教育综合改革背景下地方高校本科教学综合改革研究 [D]. 桂林：广西师范大学，2016.

[9] 李平. 推进虚拟现实技术应用 提高高校教育教学质量 [J]. 实验室研究与探索，2018，37 (1)：1－4.

[10] 李晓，邓丽娜，胡艳. 高校教育教学改革研究 [J]. 教育与教学研究，2020，34 (12)：91－119.

[11] 李旋. 双创背景下高校教育教学改革探索的研究 [J]. 湖北开放职业学院学报，2022，35 (19)：1－3.

[12] 刘俊雅. 基于学习成果的高校通识教育教学评价研究 [D]. 长沙：湖南大学，2021.

[13] 刘雪琪. 国外通识教育对我国高校教育教学的启示——以美国、日本和新加坡为视角 [J]. 西部素质教育，2022，8 (6)：88－90.

[14] 陆宝林，汪陈榕，林菡，等．基于 MOOC 资源对高校教育教学管理的探索 [J]．内江科技，2021，42（6）：157－158.

[15] 马迪．以人为本的我国高校教育创新研究 [D]．曲阜：曲阜师范大学，2013.

[16] 任静蓉．教育公平视野下的高校教学管理制度研究 [D]．郑州：中原工学院，2015.

[17] 沈大强．高校教育教学管理信息流的集成研究 [D]．南宁：广西大学，2008.

[18] 谭诗麒．现代教育理念视域下的高校教学改革研究 [D]．长春：长春工业大学，2017.

[19] 万艳．基于"以人为本"理念下高校教育教学管理新模式的构建 [J]．吉首大学学报（社会科学版），2018，39（S2）：295－297.

[20] 王海．高校创新能力培养目标下的教育教学管理 [J]．湖北开放职业学院学报，2021，34（1）：3－4.

[21] 王君艳．人本视角下云南省普通高校成人函授教育教学质量研究 [D]．昆明：云南师范大学，2017.

[22] 武晓琼．创客教育融入高校教育教学改革的路径探析 [J]．吉林工程技术师范学院学报，2018，34（12）：34－36.

[23] 邢铖，冯玉芝．论"互联网＋"背景下的高校教师教育、教学模式改革 [J]．中国管理信息化，2018，21（16）：197－198.

[24] 叶帅华．"互联网＋"背景下高校教育教学方式改革思考 [J]．高教学刊，2019（16）：149－151.

[25] 易帆．以生为本理念下学生参与高校教育教学管理工作的研究 [D]．长沙：湖南农业大学，2014.

[26] 余庆兰．多媒体教育资源融合的高校信息化教学模式探析 [J]．淮南职业技术学院学报，2020，20（2）：80－82.

[27] 赵金蕊．"智能互动"教学模式对高校教育的影响及反思 [J]．高教学刊，2021，7（27）：103－106.

[28] 郑程挺．"互联网＋"背景下高校教育教学方式改革思考 [J]．吉林省教育学院学报，2021，37（11）：116－119.